Dorothea Dieckmann

Sprachversagen

Literaturverlag Droschl

1. Vorladung

Eine der Gerichtsszenen von Honoré Daumier, das 16. Blatt aus »Les gens de justice«, zeigt einen vor fünf Robenträgern zusammengesunkenen Menschen. Der Richter beugt sich über ihn wie ein Aasgeier über den Kadaver, der ihn ernähren soll. Den Ton dazu müßten die erpreßten Worte des Angeklagten geben. Wie die Zeichnungen von Goya erzählt das Bild vom Karneval der Inquisition, vom Schlaf der Vernunft, von Ungeheuern in schwarzer Uniform, von Folter und Geständnis. Die dunklen Jahrhunderte sind vorbei. In der aufgeklärten Zivilisation dringt das Licht in jede Ritze, eine heitere, hellwache Rationalität, in der die Worte freiwillig fallen. Die Große Jury tagt öffentlich. Sie ist so wohlwollend, daß sich die Kandidaten vor den Barrieren drängen, um ihre Aussagen zu machen, und eine Vorladung zur Befragung gilt nicht als Drohung, sondern als Versprechen. Dennoch hat das Bild seinen Schrecken nicht verloren; die Verzweiflung, die die Gerichtsszenen sichtbar machen, hält an. Sie spricht aus den Dokumenten friedlicher Prozesse, bei denen die Geladenen für ihre Worte und Taten mit Lob und Preis, Geld und Glanz belohnt werden.

Auch ohne die »letzte Ehrung«, die Ingeborg Bachmann eineinhalb Jahre vor ihrem Tod bekam, hätte die Stadt Klagenfurt durch die Schriftstellerin die bekannten Standortvorteile erhalten. Doch die Herren, die ihr 1972 den Anton-Wildgans-Preis verliehen, waren klug investierende österreichische Industrielle. Sie verlangten nichts als eine Dankrede vor ihrem in die schlichte Uniform von Wirtschaftsmanagern gekleideten Auditorium – ein bißchen Kultur, ein bißchen Sinngebung, ein paar Worte eben von jemand, der die Gabe des Wortemachens besitzt. Die viel zitierte Schriftstellerin hat sich zur Zeremonie zitieren lassen und die erwartete Aussage gemacht. Die Fernsehaufzeichnung ihres Auftritts ist verloren gegangen. Das Dokument, das geblieben ist, ein Redeentwurf aus dem Nachlaß, besteht aus vier Blättern mit vielen Verschreibungen, Streichungen, Korrekturen und Auslassungen. Er liest sich wie ein Testament. Und er beweist, daß sie geredet hat, obwohl sie nicht reden wollte. Die Gabe, die ihr für den Preis abverlangt wurde, empfand sie als Preisgabe.

Ihre ersten Sätze verweigern sich dem Anspruch an den vielsagenden Schriftsteller, etwas Nichtssagendes vorzutragen. Bachmann lehnt es ab, die üblichen Ansichten über Zeitfragen und Tagesaktualitäten zu liefern. Doch es geht um mehr. Sie sträubt sich gegen die Form der mündlichen Rede selbst, als fürchte sie, daß die Rede eine Grenze zwischen zwei Welten öffnet, die unbedingt auseinandergehalten werden müssen. Man geht in die Öffentlichkeit, öffnet den Mund – und verliert nicht nur Worte, sondern sich selbst. Der Entwurf endet in zwei dunklen Sätzen. Der erste lautet: *Die Sprache ist die Strafe*. Der zweite, der Schlußsatz, fällt nicht zum ersten

Mal. Es ist die Endzeile des Nelly Sachs gewidmeten Gedichts »Ihr Worte« – ein schriftlich niedergelegtes Versprechen an die Worte selbst, ein Siegel der Verschwiegenheit: *Kein Sterbenswort, ihr Worte.*

Sterbensworte sind die sprichwörtlichen Worte des Verrats. Die geschriebenen dagegen halten, so der Redeentwurf, buchstäblich am Leben: »... eine Stunde wie diese hat absolut nichts zu tun mit allen meinen anderen Stunden, meine Existenz ist eine andere, ich existiere nur, wenn ich schreibe, ich bin nichts, wenn ich nicht schreibe, ich bin mir selbst vollkommen fremd, aus mir herausgefallen, wenn ich nicht schreibe.« Nun sind dies Sätze, fürs Sprechen formuliert: Das für die Rede Geschriebene schreibt der Rede ihr Scheitern vor. Wie mag sie sich angehört haben? Welche Musik erzeugt diese Partitur, welche Erscheinung diese Regieanweisungen? Ich höre Verzweiflungsgestammel, Notrufe, eine Exklamation der blanken Gleichung von Leben und Schreiben, ein Pathos, das den wenigsten ansteht – vielleicht nur Kafka, für den Schreiben eine Umwandlung in Lebenslänglich war. Und die Fernsehbilder, was könnten sie anderes dokumentiert haben als Stottern und Zittern, Sprachzwang und Sprachverlust, das Kopfschütteln des Angeklagten, der gestehen soll? »Ein Käfig auf der Suche nach einem Vogel«, schrieb Kafka in eins seiner Oktavhefte. Bachmann ist in die vorgesehene Rolle, den Käfig geschlüpft und hat »gesungen«.

Die Redende ist von sich selbst so verlassen wie die Schreibende von der Welt. »Wenn ich aber schreibe, dann sehen Sie mich nicht«, schrieb sie fürs Auditorium auf. Das heißt: Wenn ich vor euch rede, bin ich verloren; wenn ich für euch verloren bin, lebe ich. Laßt mich in Ruhe! Bachmanns Redehemmung, ihre Sprechangst in der Öffentlichkeit sind bekannt. Ihr erster öffentlicher Vortrag, 1952 bei der Gruppe 47, war kaum zu verstehen – »flüsternd, stockend und heiser«, erinnert sich Walter Jens; ähnlich die Frankfurter Poetikvorlesungen. Ihre Scheu wurde zum Markenzeichen, ihr Bild zum Aufmacher. Jedes Wort ist ihr abgenommen worden, wie in dem Nachäffspiel, das jeder Aussage mit einem Echo antwortet. Ingeborg Bachmann wollte sich nicht zum Affen machen lassen. Dennoch hat sie sich freiwillig gestellt, sie hat sich aufs Podium begeben und zum Reden vergattern lassen, zur Stimme – und zur Zustimmung. Denn was auch immer sie 1972 vor Geldgebern und Preisrichtern wirklich gesagt hat, das Urteil stand fest, der Beifall: peinlicher Applaus als Methode eines friedlichen Verhörs.

Man kennt die Käfige, in denen die Angeklagten, zum Beispiel die der italienischen Mafia, dem Schauprozeß beiwohnen. Auch jene, die mit einem Gittergang in die Arena verlängert und dort vor dem Publikum geöffnet werden, damit die wilden Tiere ihre Kunststücke vorführen. So kam auch Kafkas Affe unter die Menschen, und da er sich bewährt hat, gehorcht er einer Vorladung der Wissenschaft. »Ich will keines Menschen Urteil, ich will nur Kenntnisse verbreiten«: So sehr ist der Affe zum Menschen geworden, daß er seinen Eigensinn überwunden hat und selbst seine Gefangenschaft »frei« verantwortet. Wie es dazu kam, ist Gegenstand seiner Aussage.

Auf dem Schiff, berichtet er den hohen Herren von der Akademie, »setzten sich manchmal einige im Halbkreis um mich nieder [...], schlugen sich aufs Knie, sobald ich die geringste Bewegung machte; und hie und da nahm einer einen Stecken und kitzelte mich dort, wo es mir am angenehmsten war.« Dies ist sein erstes Schauspiel. Noch auf dem Schiff lernt er, »vor großem Zuschauerkreis« eine Schnapsflasche zu leeren. Am Ende hat er die Wahl. »Als ich in Hamburg dem ersten Dresseur übergeben wurde, erkannte ich bald die zwei Möglichkeiten, die mir offenstanden: Zoologischer Garten oder Variété. Ich zögerte nicht. Ich sagte mir: setze alle Kraft an, um ins Variété zu kommen; das ist der Ausweg; Zoologischer Garten ist nur ein neuer Gitterkäfig.« Vom Zoo unterscheidet sich das Variété nur darin, daß es keine Gitterstäbe hat. Auf diesem Weg wird der Affe zum Menschen: zum Narren, wie die Kinder, die, kaum dem Gitterbett entkommen, im Kreis von Menschen aufwachsen, die sie betrachten, kitzeln, nachäffen und sich auf die Knie schlagen. Die Variétébühne einer glücklichen Kindheit ist hell erleuchtet und bevölkert von unschuldigen Schauspielern – Clowns, Zauberkünstlern, Prinzessinnen und Furien, die ihre Narrenfreiheit ausüben, bis sie in den Graben fallen.

Solche Kinder haben Angst vorm Dunkeln. Nachts steht die Prinzessin auf und folgt dem Lichtstrahl, denn die Tür zum Kinderzimmer ist immer nur angelehnt, und tritt im Salon auf, wo das Publikum sitzt. Ihr Nachthemdchen ist so gut wie ein königliches Gewand, sie hebt es am Saum, legt den Kopf schief und nimmt den Applaus entgegen. Verwandelt sie sich in einen Tölpel oder einen Racheengel, dann ergeht es ihr nicht anders. Alles, was sie sagt und tut, wird zum Insignium Ihrer Hoheit, der Bühnenfigur. Ihr Zorn ist charmant, ihre Trauer kokett, ihr Ungeschick allerliebst, kurz, das ganze Kind ist ein Kunstgenuß. Es liebt sich selbst dafür. Wer schaut nicht gern in einen lachenden Spiegel? Mit der Grazie des Narziß spielt es ein traumsicheres Spiel aus Schritten, Gesten und Worten.

Irgendwann wird die Bühne schief, das Kind rutscht aus und wird wütend; das Publikum sieht Theatergesten, nicht Zeichen von Wut. Es stampft mit dem Fuß auf und droht mit der Faust – doch das Publikum lacht. Es geht dem Kind wie Charlie Chaplin, der sich im Zirkus verirrt und vor dem rasenden Publikum durch die Arena stolpert, wie Buster Keaton, der mit stoischer Trauer Lachstürme erntet: Als Unfreiwillige geben sie die besten Nummern ab. Da bleibt nichts, als zurückzulächeln und sich tief zu verbeugen, um die Hoheit zu behalten. Im Variété gibt es keinen Ernst, keine wahren Regungen, keine Gründe, keine Geschichte, kein Gestern, kein Leben. Die Bühne ist vergittert, das Rütteln an den Stäben gehört zur Inszenierung, und die Drohgebärden gegen die Zuschauer sind Teil einer Aufführung. Amüsiert beklatscht das Gericht noch seine eigene Beschimpfung. Die Widerspenstigen und Wilden werden nicht mit Strafe, sondern mit Belohnung zu geschmeidigen Mitspielern gezähmt. Nur wer sich an die Freiheit, die wilde, sprachlose Zeit erinnert, erkennt in ihren Augen die Verzweiflung der Angeklagten vor den »gens de justice«. Es sind die Augen der Schimpansin: »Bei Tag will ich sie nicht sehen; sie hat nämlich den Irrsinn des verwirrten dressierten Tiers im Blick.«

2. Variété

Mündliche Rede ist ein Drama: reines Geschehen, Sprechakt, live-act. Sie erfüllt die alten Vorgaben der Theaterkunst, die Einheiten von Ort, Zeit und Handlung. In den Privaträumen, in denen die vierte Wand geschlossen ist, den Familien- und Paar-Ghettos, spielen die Schauspieler gegeneinander; jeder ist Akteur und Publikum zugleich. In den öffentlichen, jedermann zugänglichen, vom Park bis zur Therapiepraxis, von der Bar bis zum Zugabteil, tauschen Podium und Parkett, Ensemble und Zuschauer beständig die Plätze, Auftritte und Abgänge, Sprechen und Hören, Sehen und Gesehenwerden, Abwenden, Einmischen, Aufmerksamheit erregen ... Endlich die mediale Rede, die Rückkehr zum Theater mit den Mitteln der Filmtechnik: Das zerstreute Publikum zieht in die inszenierte Couchecke des Studios, das Studio erobert die zerstreuten Wohnzimmer, und das zwischen Satelliten und Schüsseln darüber gespannte Luftschloß bildet den gemeinsamen Ort, an dem die gemeinsame Zeit abläuft. In der imaginären Unmittelbarkeit zwischen Darstellern und Zuschauern flieht die Rede, ewige Gegenwart, jedes Wort eine vollendete Tatsache, kaum hergestellt, schon verbraucht.

Öffentlichkeit ist der Austragungsort der großen Gleichzeitigkeit, wo die Publizität zirkuliert, wo das

Publikum spielt, wo es, bis auf die Sichtblenden zwischen den Programmen, nur den offenen Raum gibt. Die private Rede im geschlossenen Zimmer verflüchtigt und verbreitet sich in die Geistergegenwart des medialen Alls. Der Privatmensch veröffentlicht sich selbst. Sei, wie du dich fühlst! befahl die erste Leithymne des ultimativen Kammerstücks, Big Brother, und jeder fühlt, wie er sein soll, zeigt sich, spricht sich aus und wird zum bekennenden Geschöpf. In dem großen Raritätenkabinett, das täglich neue lebende Ausstellungsstücke verschiedener Serien vorführt, entblößt es seine Nöte und Defekte, Details, die es, Teilchen eines großen Ganzen, repräsentieren – der Schlappschwanz und die Nymphomanin, der Amokläufer und der Hausdrache, die Freßsüchtige und das Diätopfer (der moderne Hungerkünstler); Krebsgeschwüre, Hysterektomien, Hormondefekte; Damen ohne Unterleib, Kastrierte und Umgewandelte. Die Auswüchse, die man früher nur bei den kranken Austern fand, werden vervielfältigt wie künstliche Perlen, bis die Kluft zwischen Normalität und Anomalität, Mensch und Mutant eingeebnet ist. »Jeder ist ein Künstler«, sagte Joseph Beuys. O nein: Jeder ist ein Kunstwerk, und der Demiurg ist das Medium, der Eine Künstler, der Große Handwerker.

Die Gleichzeitigkeit erlaubt es, der Erschaffung des Menschen täglich beizuwohnen. Öffentlichkeit ist ein Mosaik aus lebendigen Einzelnen, die sich selbst suchen. Deshalb will sie lebende Geschöpfe, nicht tote Werke, und jeder ist es wert, in den Schaukasten zu kommen, der Mensch in seiner Vielfalt, in seiner variété. Dies ist der Moment der Warholschen Demokratie – »die Stunde für die alltägliche Erfindung von neuen Einzelteilen«, die »auf ihrer Identität und auf ihrem persönlichen ›Charme‹ beharren«, wie Baudrillard in »Die Illusion des Endes« schreibt. An der medialen Tauschbörse ist jeder »bereit, sich je nach Talent oder Behinderung als selbständiges Mikroteilchen zu konstituieren.« Die »Selbständigkeit« ist so groß, daß das Ganze nie gefährdet ist, wenn eins der Teilchen wegfällt; im äußersten Fall ist sein Abgang die letzte Inszenierung seiner Existenz.

Im Reich der lebenden Bilder hat ein Kulturkampf zu Freiheit und Gleichheit geführt. Das Gen-Optimum des präparierten Luxuskörpers, das ästhetische Diktat von Puppe und Superman sind durch den quotenregulierten Aufstand der unterdrückten Abweichungen entthront worden. Klassische Maße und ewige Jugend müssen nun mit der Groteske koexistieren wie die Antike mit der Moderne, das Prachtexemplar mit den Freaks, der Held mit den Herdentieren, der Löwe mit den Schafen. Damit der große Friede zwischen den Arten nicht zur Entropie führt, damit sich ihresgleichen auf der Zuschauerseite nicht um den Racheakt der Selektion betrogen fühlt, läßt man die zur Pixelmenge aufgeblasenen Proleten brüderlich aufeinander los. Das mediale Gerede ist ein Gladiatorenkampf: Brot und Spiele. Er bringt alle auf eine Stufe: Der Satte kann sich nicht sattsehen, und wer Hunger hat, kann sich zur Abendzeit wenigstens das Millionenversprechen leisten. Einer wird gewinnen, Alles oder nichts – diese Prinzipien sind so demokratisch wie die Kräfteverteilung in der Löwengrube. Der Cäsar ist die Masse. Wenn die Gegner aufeinander losgehen, sorgt das Gleichgewicht zwischen Teilchen und Ganzem dafür, daß sie die Regeln des Diktators erfüllen. Der bestellte Schauspieler schaut dem Publikum in die Augen: das eine ist die Kamera, das andere die Digitalanzeige der Abstimmungsergebnisse. Seine Existenz steht auf dem Spiel, die TED-Wahl fällt das Gottesurteil. Eine Ziffer streckt ihn nieder, doch schon der nächste Schlag, mit dem ihm der Moderator, Gottes Dompteur, auf die Schulter klopft, treibt das Lächeln aus ihm heraus, die gute Miene. Applaus!

Das Drama der mündlichen Rede kommt immer gut an. Das Schicksal steckt im Automaten, der Zufall regiert, die Handlung ist Mechanik, die Bewegungen sind marionettenhaft, und die Rollen verzehren den Charakter. Noch die tragischste Figur wird zum Typus: Hexe, Arschloch, Professor, Hure, Deckhengst, Kumpel, Dummchen. Die Tragik – Opfer und Täter, Verstrickung und Schuld, Tausch und Verhängnis – hat sich in die Immanenz verkrochen und verschwindet mit der Erinnerung daran, daß das Schauspiel menschengemacht und der Gott fehlbar ist. In der Tragödie handelte ein blinder Gott. In der Komödie gab es keinen höheren Sinn. In der globalen Komödie ist der Gott Mensch, der Mensch Gott geworden: als Zahl.

Deswegen ist die Zahl allgegenwärtig und zugleich für jeden einzelnen zuständig. Keiner ist mehr einsam, jeder ist mit ihr allein: eine intime Beziehung, ein Verhältnis eins zu eins, wie im Gebet, wie im Dialog. Ihre Nähe macht abhängig wie die private Nähe des Anderen in der Zwangsvereinigung des Paars im Ein-Raum-Apartment, wo einer des andern Zuschauer ist und nichts im Verborgenen geschieht, wo jede Geste ihre Quittung, jedes Wort seine Antwort bekommt und die Mißbilligung so stark bindet wie das Wohlwollen. Einer verstellt sich für den anderen, bis keiner mehr weiß, wer er ohne den andern war. Du sagst, was ich fühle – du fühlst, was ich sage; gefällst du mir – gefall ich dir; lieb ich dich – liebst du mich. Das Licht geht nie aus, denn beide haben Angst vorm Dunkeln, wie früher, als Kinder, und selbst im Schlaf reicht ein Strahl in den Raum.

»Auch in der Nacht fanden Besichtigungen statt, zur Erhöhung der Wirkung bei Fackelschein«, heißt es in Kafkas »Hungerkünstler«. Auch der Hungerkünstler stellt seine Abnormität aus, macht sich zum Kunstwerk und setzt seine Existenz aufs Spiel. Als sich das Auge der Öffentlichkeit von ihm abwendet, kann er nicht aufhören, sich selbst zu erschaffen. Das Hungern ist ihm zum Lebensinhalt geworden, der Käfig zum Zuhause. Er läßt sich von einem Zirkus engagieren, denn »ein großer Zirkus mit seiner Unzahl von einander immer wieder ausgleichenden und ergänzenden Menschen und Tieren und Apparaten kann jeden und zu jeder Zeit gebrauchen.« Er wird wieder beachtet, wenn auch nur im Vorübergehen, weil die Menschen auf dem Weg zu den Ställen vor seinem Käfig ins Gedränge geraten. Doch keiner weiß mehr, warum dieses Gerippe hinter dem Gitter liegt, bis man es nicht mehr vom Stroh unterscheiden kann – der Käfig scheint leer. Als man den Toten herausfegt, ist »noch in den gebrochenen Augen die feste, wenn auch nicht mehr stolze Überzeugung, daß er weiterhungere.« Mit seinen letzten Worten hat er das Geheimnis seiner Kunst verraten: Das Hungern kostete ihn weniger Überwindung als das Essen. Er hat aus der Not eine Kunst gemacht, aus seinem Widerwillen gegen die Speisen eine aufsehenerregende Askese, und die Zuschauer haben keine Inszenierung, sondern das nackte Leben beklatscht.

3. Sprechen und Schreiben

Der Hungernde führt den Hunger vor, das Kind spielt Prinzessin, der Affe will Mensch sein. Reden bedeutet Sich-Zeigen, öffentliche Darbietung der an den Körper gebundenen Sprache, Verführung zur Vorführung, Vorstellung als Verstellung. Nicht dem Menschen gilt der Beifall, sondern dem, der zum Affen wird, weil er den Menschen mimt. Direkte Rede, Sprache für den Andern, führt ihre Anführungszeichen mit sich; sie stellt ihren Träger aus und macht aus Lebenszeichen Zeigegesten. Die gesprochene Sprache wirkt als vierte Wand zwischen Ich und Du, unsichtbar und undurchdringlich, das Fliegenglas, an dem jede Bewegung abprallt: Ich meint sein Ich, Du versteht seins – und nickt. Das Kind sucht die Kristallkugel, das durchsichtige Wort, ein Zauberwort, das dem Ich seine Bedeutung zurückgibt, eins, nicht alle zu sein – und den Kreis seiner Nächsten verstummen läßt. Doch »die kristallinischen Worte kommen in Reden nicht vor«, schreibt Ingeborg Bachmann in ihrem Redeentwurf. Was bleibt, als sich von der eigenen Sprache zu trennen? Das Kind schlüpft aus seinem Körper und sucht ein Inkognito, um sich neu zu erfinden.

Kaum hatte ich das Schreiben gelernt, versprach ich mir mehr davon als vom Sprechen. Was das Reden verriet, sollte das Schreiben bewahren.

Die erste Regung, die ich vor der Vereinnahmung retten wollte, war die Wut. Denn Wut war Widerstand, und ich hatte erfahren, daß sie schnell verraucht (später beeindruckte mich eine Zeitlang der Satz von Brechts Mutter Courage: »Ich sag nur, Ihre Wut ist nicht lang genug, mit der können Sie nichts ausrichten, schad«); daß sie der Unterhaltung diente und durch Über- und Wegreden getilgt wurde. Ich hielt sie fest und schrieb sie auf einen Zettel, den ich mitten im Haus an die Tapete klebte wie eine chinesische Wandzeitung. Zwischen mich und meine Wut hatte ich die Geduld des Aufschreibens, zwischen mich und die Adressaten ein Stück Papier geschoben. Dabei hatte ich wohl gedacht, mich hinter der Schrift, in der ich mich eröffnete, verstecken zu können; denn obwohl kein Zweifel an meiner Urheberschaft bestehen konnte, fühlte ich mich ertappt, als mir die Mutter das Papier mit meinen ersten Zeichen unter die Nase hielt – und beifällig lachte.

Dies Urteil war ein Schock: Sie machte keinen Unterschied zwischen dem Reden und dem Schreiben. Sie kassierte die Worte wie immer – typisch, wie sich das Kind aufführt! – als kämen sie nicht aus einer anderen Zeit, nicht von einem anderen Ort, nicht aus dem Off. Meine Tarnkappe, mein Alibi hatten nicht funktioniert. Ich hatte geglaubt, aus den Maschen der Anerkennung schlüpfen und dem Beifall entkommen zu können, der meinem Reden so widerstandslos zuteil wurde, daß auch der Widerstand hinter den Worten gebrochen wurde. Daß das Schreiben mit dem alltäglichen Applaus bestraft wurde, war eine grausame Enttäuschung. Ich hatte den Zettel aus der Hand gegeben und mich durch die Veröffentlichung um die Wirkung des Schreibens, die Abgrenzung betrogen. Wieder hatte man in der Abweichung die Anpassung erkannt. Das Papier war zum Requisit der Inszenierung geworden. Zugelassenes Schreiben aber hatte keinen Wert. Forthin behielt ich meine Zettel für mich und suchte auf dem Papier nach Regungen, die nicht kompatibel waren. Eine Resignation zu der Tatsache, daß die Stunde der wahren Empfindung nicht sozial ist, sondern solitär. Dem zu folgen war noch keine Kunst. Erst Jahre später konnte ich mich nicht mehr damit abfinden, daß meine Wahrheiten stumm bleiben sollten.

»Wir müssen wahre Sätze finden« – »Die Wahrheit ist dem Menschen zumutbar«: Als Titel verwendet, auf Buchklappen gedruckt, tausendfach zitiert und kopiert, sind solche naiven Willenserklärungen aus Ingeborg Bachmanns Mund und Schreibmaschine verbreitet worden. Hier verschrieb eine ihr Schreiben der Wahrheit, so nachdrücklich, wie man einen Nagel in die Wand schlägt.* Das Wahre und Gute im Schönen: Der idealistischen Tradition von Kant, Schiller und Schelling entsprungen, gab diese Hal-

---

* Man hat es ihr heimgezahlt und ihr den Ernst dieser Worte auf den Leib geschrieben, spätestens als sie, die »mit der verbrannten Hand über die Natur des Feuers« schrieb, filmreif für alle Nachträglichen am eigenen Feuer starb – und vergessen, daß die Schreibhand, die sie auf die Wunden, Krusten und Narben legte, kitzelt und zum Lachen reizt.

tung innerhalb der noch jungen Disziplin der Ästhetik der alten Wahrheit ihren neuen Träger: das Ich, die Leerstelle für Alle und Einen. Sie wirkt noch bei Adorno fort, der doch dem unversöhnten, heteronomen Objekt den Vorrang in der Kunst einräumte, und begründet dort einen streng extensiven Begriff des Falschen. Keiner von ihnen hat aber im Abgrund zwischen der abgewandten Tätigkeit des Schreibens und dem Perpetuum mobile des öffentlichen Tags, in der Schnittstelle zwischen Text und Publikum den Ort der Wahrheit gesucht. Erst in Bachmanns Verdikt – »Kein Sterbenswort, ihr Worte« – knirscht das Paradox, daß Sprachkunst nur als veröffentlichte existiert. Solange der Mensch noch Mittelpunkt der Welt ist (das ist er noch nicht lange, und lang wird es nicht mehr dauern), besteht ihre Wahrheit in und trotz der Verbindung zwischen etwas Allgemeinem, Allgemeingültigem und dem Besonderen, Eigenen, Einzigartigen.

Sprachkunst ist die Kunst, Lebenszeichen zu finden, Worte ohne Anführungszeichen, durchsichtig, »kristallinisch«: »Die kristallinischen Worte […] sind das Einmalige, das Unwiederholbare, sie stehen hin und wieder auf einer Seite Prosa oder in einem Gedicht.« Diese unwiederholbaren Worte sollen jedoch allen passen, von allen verwendet werden können, für jedermann gültig sein. Sie sollen als einmalige für etwas Gemeinsames herhalten, sollen für sich stehen und dem Gesetz der Zahl unterworfen werden. Wortemachen, Sätzefinden geschieht nicht unabhängig von der Anwesenheit dieses generellen Anderen. Deshalb erstreckt sich Bachmanns Skepsis gegen die Öffentlichkeit auf das Schreiben selbst. Zwar unterscheidet sie das Reden unterm öffentlichen Blick vom einsamen Schreiben (»Wenn ich aber schreibe, dann sehen Sie mich nicht«); doch Schreiben kann im Hinblick auf die Öffentlichkeit geschehen. Dieser mehr oder minder verstohlene Blick des Schreibenden ist das Einfallstor der Sterbensworte ins Reich der Lebenszeichen. Wenn sie in ihrem Entwurf verlangt, daß man die Aktualitäten »hinwegschreiben muß« und ein Schriftsteller »die Phrasen zu vernichten« hat, geht es Bachmann um diesen Verrat, den Verrat der Schrift: »Und wenn es Werke auch aus unserer Zeit geben sollte, die standhalten, dann werden es solche ohne Phrase sein.«

Was sind Phrasen? Vorläufig gesagt: Ausstellungsstücke, die »natürlich« erscheinen; Sätze, die ihre Anführungszeichen kaschieren. Sie sind zu dem Zweck geschaffen, einer Öffentlichkeit präsentiert zu werden, und besitzen damit die Form der Öffentlichkeit. In ihnen drapiert sich ein Ich mit Welt und eine Welt mit Ich. Musil nennt diese Sätze Kleider: »Es gibt schlechterdings keinen bedeutenden Gedanken, den die Dummheit nicht anzuwenden verstünde, sie ist allseitig beweglich und kann alle Kleider der Wahrheit anziehen. Die Wahrheit dagegen hat immer nur ein Kleid und ist deshalb im Nachteil.« Eine kalkulierende Dummheit also, die Worte ausbeutet wie Leiharbeiter. »Täglich höre ich, wie Dummköpfe Dinge sagen, die durchaus nicht dumm sind. [...] Dieses schöne Wort, jenen schönen Gedanken haben sie nur in Verwahrung«, schreibt Montesquieu im Essay »Über die Gesprächs- und Diskussionskunst«. Und: »Im übrigen ärgert mich am Unverstand nichts so sehr, wie daß er selbstgefälliger ist, als es irgendeinem Verstand [...] möglich wäre.« Phrasen als im vorhinein beglaubigte Sätze unterliegen keinem Zweifel. Ihr Merkmal ist der Exhibitionsgestus, die Attitüde. »Meistens gibt ihnen«, fährt Montesquieu fort, »ihre überhebliche Sprache und strahlende Siegerpose auch noch beim Publikum gewonnenes Spiel.« Das Ich posiert. Jean Paul: »Der Poet« – der dumme, versteht sich – »kan uns nichts von dieser Welt erzälen, ohne einen Teil seiner eignen Welt durchscheinen zu lassen.« Phrasen sind Dummheiten. Sie erschöpfen sich in der Antwort auf das, was gefragt ist; sie lügen wie gedruckt, denn ihre Wahrheit endet, wo der Beifall einsetzt. Phrasen sind Sterbensworte.

Mündliches Sprechen bietet der Phrase eine Heimat, weil Herstellen und Wirkung derselben Zeit angehören, der Gegenwart. Das Schreiben versteckt die Herstellung, schiebt die Wirkung auf; deshalb kann Schreiben – wie Lesen – den Weg der Sprache zurückverfolgen. Es bleibt durchlässig für die Erinnerung, wie das, was ohne Sprache war, Sprache wurde. Im Mündlichen erlebt man diesen Vorgang nur beim Sprechen einer fremden Sprache, wo Automatismus, Spontaneität und Natürlichkeit fehlen, denn »je natürlicher man ist, um so mehr wird man vom Klischee eingeholt.« Alain Finkielkraut hat diese Beobachtung gemacht, als er eine Sammlung Hörkassetten, auf denen ein Gespräch aufgezeichnet war, in Form eines Buches niederschreiben wollte. »In Zukunft ist nichts so wenig lebendig wie das gesprochene Wort, wenn es sich selbst überlassen wird«, folgert er. Und er zitiert Sartre: »Man spricht in seiner eigenen Sprache, doch man schreibt in einer fremden.« Die schriftliche Sprache ist nicht von vornherein die eigene; sie ist ein Prozeß der Aneignung. Man könnte auch sagen: eine Trennung zwischen Sprachwelt und sozialer Welt. Wenn sie auf die soziale Wirkung zugeschnitten wird, stirbt die Sprache ab.

»Ich bin mir selbst vollkommen fremd, aus mir herausgefallen, wenn ich nicht schreibe« ... Der zuhörenden Öffentlichkeit anheimgefallen, von sich selbst verlassen ist das Ich, wenn es die mündliche Form annimmt, die Form der Öffentlichkeit. In der Phrase ist der Eigensinn ausgehöhlt und mit sozialem Inhalt gefüllt; das Ich wird zur Schwätzmaschine. Doch wie sich einerseits auch Schwätzmaschinen des Schreibens bedienen können, so braucht andererseits das solitäre Schreiben eine Öffentlichkeit, die es aufnimmt.

4. Tag und Nacht

Öffentlichkeit ist die Verbindungsstelle zwischen dem Einmaligen und dem Gemeinsamen, zwischen dem Innern des Einzelnen und dem aller anderen, an der aus einer subjektiven Gewißheit ein »wahrer Satz«, aus dem Leben ein Lebenszeichen wird. Die Schwelle wird in und mit der Sprache überschritten. Eine Schwelle, an der eine Empfindung, eine Vorstellung oder ein Gedanke dem Verstehen – oder dem Mißverstehen – ausgesetzt wird. An der ein Sprecher Herzklopfen oder Hitzegefühle bekommt, weil er aus dem Nichts ins Zentrum rückt und sein »Ansehen« aufs Spiel setzt. An der ein geschriebener Text, eine im Verborgenen geleistete Arbeit in die Hände und Köpfe einer anonymen Masse gelangt, die selbst im Flutlicht noch grau ist.

Und ein Risiko, an dem man eine Typologie des Künstlers erstellen könnte: Der narzißtische Publikumsverächter hört den Hahn »Verrat!« krähen, wenn er die selbst erschaffene Schönheit den Käufern anbietet; für den unglücklich ins eigene Werk Verliebten schlägt dagegen die gefürchtete Stunde der Wahrheit, in der er sich von einem unzulänglichen Werk verabschieden muß, und das amorphe Publikum dient ihm zur Projektion der selbst auferlegten Strenge, einer verklärenden Erwartung, die keine Gnade zuläßt. Eher aber wohnen beide Seelen in einer Brust zusammen: Scheu und Neigung zum Exhibitionismus. Nur für diejenigen, die den errechenbaren Bedürfnissen der Allgemeinheit nichts entgegensondern nur etwas hinzuzusetzen haben, ist die Veröffentlichung kein Risiko, sondern eine einfache Fortsetzung der Produktion.

Sprechen geht leicht in der öffentlichen Seite der Sprache auf; Schreiben kann sich, weil es abgewandt geschieht, eine Rückseite bewahren. Doch die Schwelle wird mit jedem Wort berührt; jeder Satz enthält eine Entscheidung über Anpassung oder Widerstand, Glätte oder Widerstreben. Die Scheidelinie zwischen »wahr« und »falsch« verläuft nicht zwischen dem gesprochenen und dem geschriebenen Wort, sondern im Innern der Sprache. Es ist die Grenze zu den »Aktualitäten«, den stets von heute handelnden Problemen, den trüben Tagesrätseln. Der Raum jenseits ist die Nacht, in der man unsichtbar und unerreichbar ist, nicht jetzt, nicht hier. Das Bild gibt Bachmann in einem Interview: »Wenn wir wahr sind, dann sind wir es in der Nacht, sobald wir ganz allein sind.«

»Wir«, nicht »ich«: Hier also paßt der Plural zur Einmaligkeit. Die Nacht macht die Menschen wahr, das heißt: den Einzelnen anonym und den Jedermann zum Unikat. In der Nacht sind alle Katzen grau und alle Menschen gleich. Die Nacht reduziert die Menschen auf ihre Natur, ihre Körperlichkeit – Schmerz und Lust, die jeder kennt, die keiner nicht kennt, und die dennoch das unmittelbarste und unteilbarste Dasein bedeuten. Der kleinste gemeinsame

Nenner, der Körper als lebendige Einheit, hat in keiner seiner Empfindungen eine Sprache. Er kann nur atmen, mit oder ohne Stimme: schweigen oder schreien. Für sich, ohne Kommunikation, ohne Redeanlaß, wenn das Gerede aufgehört hat, artikuliert sich der Nachtmensch nicht mehr allgemeinverständlich; er ist einsam. Als Tagmensch ist er einer von vielen, ein sozialer Plural, ein Gemeinsamer, ein Heutiger (die Nacht hat kein Heute); um sich verständlich zu machen, ist er auf auf sprachliche Einigungen angewiesen – Zeichen, die von den besonderen Bedeutungen gereinigt sind, die jeden einzelnen vom anderen unterscheiden.

Der einzelne in dem Nacht-Bild ist allerdings kein ganzer Mensch. Er ist ein Autist, ein Isolierter, er ist »privat« im ursprünglichen Sinn von beraubt und eigen im ursprünglichen Sinn von »Idiot«. Ohne Verständigung ist er abgekapselt, eine Monade, ein asoziales Lebewesen. Die einzige Möglichkeit, der Monade eine Sprache zu geben, findet sich in der Kunst; sie löst das Paradox einer »asozialen Verständigung«. Die sprachlose Sprache von Schweigen und Schreien – Lebensäußerungen ohne Zeichen – enthält in ihrer ungeformten Einfachheit die ganze empfundene Welt. Wenn der dichterische Ausdruck auf der Suche nach einer für Alle und Einen gültigen, »wahren« Sprache vor den Zeichen ist, dann bildet der körperliche Ausdruck den Ausgangs- und den Endpunkt des dichterischen. Dieser wäre der kulturelle Umweg zum Naturhaften. Die künstlerische Sprachfindung wäre die Erkenntnis, die auf ihrem

Weg die unendlichen Möglichkeiten von Zeichen und Zeichenverbindungen durchläuft und in wohl überlegten und konstruierten, technisch komplexen, artifiziellen Verfahren den Anschluß an jene organische Welt ohne Reflexion anstrebt, in der die Sprache des Ursprungs gesprochen wird. »Das Paradies ist verriegelt und der Cherub hinter uns; wir müssen die Reise um die Welt machen und sehen, ob es vielleicht von hinten irgendwo wieder offen ist«, heißt es im »Marionettentheater«. Was bei Kleist die durch Reflexion verlorengegangene und durch Reflexion wiederzufindende Grazie der Bewegungen ist, nennt Ingeborg Bachmann die »erahnte Sprache« – »diese eine Sprache, die noch nie regiert hat, die aber unsere Ahnung regiert […] die wir nicht ganz in unseren Besitz nehmen können. Wir besitzen sie als Fragment […] konkretisiert in einer Zeile oder einer Szene, und begreifen uns aufatmend darin als zur Sprache gekommen.«

Warum »aufatmend«, und warum gerade aufatmend und nicht »erleichtert« oder einfach »endlich«? Weil die Sprache angekommen, zum Körper zurückgekehrt ist. Dieser (vorläufig letzte) Atemzug legt den Weg noch einmal zurück, der uns – schreibend, schreiend, schweigend – in Atem gehalten hat. Die Literatur – die (deshalb) für alle gilt – bringt den Körper zum Sprechen. Im Dunkeln entzündet sich die Wahrheit, und hier zündet sie: ein Streichholz, ein kleines Feuer. Nachts, im Schreiben unter dem kleinen Licht: da artikuliert sich der Atem der Menschen, Urlaut und Urstille. Schreibend sucht der Einsame den Gemeinsamen auf. Etwas davon erzählt das Exodus-Bild in Kafkas Miniatur »Nachts«:

»Versunken in die Nacht. So wie man manchmal den Kopf senkt, so ganz versunken sein in die Nacht. Ringsum schlafen die Menschen. Eine kleine Schauspielerei, eine unschuldige Selbsttäuschung, daß sie in Häusern schlafen, in festen Betten, unter festem Dach […] in Wirklichkeit haben sie sich zusammengefunden […] in wüster Gegend, ein Lager im Freien, eine unübersehbare Zahl Menschen, ein Heer, ein Volk, unter kaltem Himmel auf kalter Erde, hingeworfen wo man früher stand […] ruhig atmend. Und du wachst, bist einer der Wächter, findest den nächsten durch Schwenken des brennenden Holzes auf dem Reisighaufen neben dir. Warum wachst du? Einer muß wachen, heißt es. Einer muß da sein.«

5. Das Bordell der Wörter

Die Kunst gibt dem Unmitte(i)lbaren Worte und überführt es ins Verständliche, sie fördert das Nächtliche zutage und bringt Schweigen und Schreien zu Verstand. Wie kann sie das Dunkel erhellen, ohne es an den Tag zu verkaufen; vom Verborgenen handeln, ohne es zu verraten? Ihre Aufgabe ähnelt der eines Forschers, der das Leben von Tieren erkunden will, die im Dunkeln leben. Das Licht, das er braucht, um sie zu beobachten, muß sie vertreiben. Welche Erkenntnisse bringt er heim?

Tag und Nacht können sich verkehren. Die »hellen Momente« der Nacht werden an das öffentliche Licht gezerrt, das nachts herrscht, unter den Neonleisten der öffentlichen Häuser, dem Gefunzel längs dem Strich, wo Lust und Schmerz gekauft und verkauft werden, eine Stunde Fleisch für einen Blauen, das Unverwechselbare für Jedermann. Worte für Kleingeld sind öffentliches Gut. Lügen zu verkaufen ist normal, Wahrheiten zu verkaufen ist widersinnig. Wahrheit gibt es umsonst, nur Lügen brauchen Reklame. Veröffentlichtes gehört allen; jeder kann es kaufen, jeder kann es auf seine Weise verstehen, mißverstehen, zitieren, gebrauchen, mißbrauchen, entstellen. Wörter können auf den Strich gehen, vernutten: Das »weite Feld« und der Fall, der »in Kürze dieser« ist. Und »Hans heißen sie alle« und »Am zwanzigsten Jänner ging Lenz durchs Gebirg«, und ... »Und es war, als solle ihn die Scham überleben«. Die Rede ist von Zuhälterei.

Wenn der Ausdruck zur Wendung wird, die Prägung zum Zitat und zur fremden Feder, mit der sich der dummdreiste Halbgebildete und der eitle Gebildete gleichermaßen schmücken – wer nimmt da Schaden? Die Worte – sagt Ingeborg Bachmann – sind unschuldig. Das Material ist immer unschuldig. Sagt man. Aber geprägtes, in Umlauf gebrachtes Wortmaterial kann leiden. Es gibt »unschuldige« Worte, die einem im Mund zerfallen, weil sie unaussprechbar schmecken. Solche wie Wut oder Trauer, die, zumal wenn sie zusammen auftreten, von einem späteren »Jargon der Eigentlichkeit« okkupiert wurden, dem der Betroffenheit; solche wie Ausstrahlung oder Intensität oder Facetten oder Anziehungskraft, weil sie Hauptwörter in Castingagenturen sind; solche wie Angst, Lust oder Realität, wenn sie in einen gespreizten und halbherzigen Plural gezwängt werden, und all die Worte, die einem geschmäcklerischen Psychokannibalismus als Delikatessen dienen, angefangen von spüren oder unterschwellig bis hin zu gebrochen und tief. Ein ganzes Laufhaus voller Adjektive, in dem die Feuilletonisten Dauerkunden sind: schonungslos, sinnlich, reich, sensibel, faszinierend, spannend, verstörend, irritierend, raffiniert, eigentümlich, eigenwillig, eigenartig (wie schamlos gerade das »Eigene« bedrängt wird!). Die Beziehung ebenfalls, wenn sie eine intime ist. Und dort, sogar, die Zärtlichkeit: Für das, was sich zwischen Vertrauen (nicht körperlich) und Liebe (körperlich) abspielt, muß man nach anderen Worten suchen, die noch nicht diesen gemeinen, vernutzten Klang haben. Es gibt Ausdrücke, die uns schon lange als Phrasen begegnen, Worthuren, die sich naturgemäß gerade im Sexuellen gemütlich einrichten. Nicht unbedingt der Satz »Ich liebe dich«, der durch seine kinderleichte Konvertibilität ironischerweise schon wieder den Charme des »Haste mal ne Maak« erlangt hat. Eher Wendungen wie das unsägliche »Das war schön«, die »das« und den Angeredeten zum Exemplar einer Serie stempelt.

Noch trauriger, wenn eine poetische Formulierung zum Designeraccessoire verkommt. Die schwarze Milch der Frühe – ein Celan-Button am schwarzen Leinenrevers mit den weißen Schuppen drauf; dazu die blaue Blume im Knopfloch, und in der minimalistisch eingerichteten Altbauwohnung, zwischen Stuck und Parkett, Weinregal und Dichterfoto, hängt ein Ölschinken mit Schwänen, wilden Rosen und gelben Birnen. Was zur Phrase wird, ist kontingent, doch im Alphabet der Worte entstehen mit den Phrasen hornige Stellen, die nicht mehr angerührt werden können, weil sie sich peinlich trivial, verkitscht oder abgedroschen anfühlen und in jedem Kontext etwas abgegriffen Obszönes haben, speckig glänzend wie der Zeh des Verräters Simon Petrus in seinem Dom, von Millionen Katholikenlippen abgeschliffen. Das Unwiederholbare wird in ausgetauschten Kontexten recycelt, als Teil des Jargons oder ornamentaler Zugewinn für die Wertsteigerung des eignen Wortmülls.

Die Konsumenten dieser Erbauungsmixtur tummeln sich auf dem riesigen Markt, den die Wortindustrie – als Teil der Freizeitindustrie – schafft und bedient. Da sind die einfachen, bedürftigen Verbraucher, die die Worte gegen bare Münze zu sich nehmen, um die kurze Befriedigung zu finden, die ihnen das Gefühl leiht: Das ist es; so bin ich; der bin ich – eine Bestätigung, ein Merkmal!, ein Aha-Effekt, eine Erleichterung. Es sind keine anachronistischen Sinnsucher mehr, sondern die »neuen ... interaktiven Individuen«, die nach Baudrillard die Idee des freien Subjekts ablösen, Produkte einer Befreiung, die mit der Verwirklichung der Freiheit auch ihr Ende einläutet. Indifferenz ist an die Stelle der Differenz getreten. Der ideale Kunde »unterscheidet sich nicht mehr von sich selbst« – er kennt den Zweifel, das Zwielicht, das Selbstbewußtsein, die Distanz, die Trennung zwischen Tag und Nacht, Zeichen und Leben, Ichbin und Ichdenke, kurz den Anderen in sich nicht mehr. Um seinen leeren Mittelpunkt kreist eine gesellschaftliche Gleichgültigkeit – der Zeit (Langeweile), des Raums (das televisuelle Nirgendwo), des Politischen (das mediale Meinungskontinuum) und der Sexualität. Als atomares Teilchen dieser Institutionen muß der Kulturkonsument umso dringlicher seine Singularität behaupten, flexibel, experimentell und anpassungssüchtig; daher die große Nachfrage auf dem Gebiet des Narzißmus der kleinen Unterschiede, der artifiziellen Besonderheiten, die die natürlichen ersetzen müssen (denn alle sind jung, unisex und ameuropanisch). »Wir haben die Andersheit durch den

Unterschied besiegt«, folgert Baudrillard. Die Kultur stellt das imaginäre Angebot für den Bedarf an Variationen: »Dieses Identitätsindividuum lebt vom Lobgesang und von der Halluzination des Unterschieds, wofür es alle Simulationsvorrichtungen des Anderen benutzt.« Das Variété der Worte ist dafür wie geschaffen.

Für die Distribution, die Bereitstellung der Worte zum parasitären Gebrauch, sorgen die Zwischenhändler, eine Schlepperbande, die den Mehrwert abschöpft, das Heer der Kidnapper, Eintreiber, Talentsucher, Anwerber, Marketingagenten und Außendienstvertreter, höhere Alphabetisierer, die mit Worten handeln wie mit Mädchen. Sie legen sie in Anführungszeichen und zitieren sie vors Publikum, und da die Worte keinen Widerstand leisten können, verzichten sie immer häufiger selbst auf diese Art von Handschellen und ersetzen sie durch ein Schleifchen, das die Herkunft der Verschleppten kaschiert.

Von den Lieferanten ist es nicht mehr weit zu den Produktionsstätten. Legionen von angestellten Worthökern prägen in der Wortfabrik aus Sprachmaterial Münzworte, die auf die Öffentlichkeit zugeschrieben sind. Am Künstlereingang der Sparte »Höhere Literatur« drängeln sich die professionellen Kleinganoven, die das Plagiat zu ihrem Beruf erhoben haben. Ein wütender Beobachter[*] hat ihresglei-

---

[*] Fritz J. Raddatz in der ZEIT über das von Becker/Janetzki herausgegebene Buch »Helden wie Ihr – Junge Schriftsteller über ihre literarischen Vorbilder«.

chen als Schulklasse im Banalitätenkabinett beschrieben – ihr »gebildet tuendes Herumgesurfe«, ihr »schlaksiges Hinwegturnen über das Tradierte«, ihre »weit gereisten Handbewegungen auf Literarisch.« Es sind die durch Aufstiegswillen und Abstiegsangst geprägten Kleinbürger der Unterhaltungsindustrie – epigonale Bohèmiens, die durch ihre geklonten Abweichungen zusammengehalten werden, d. h.: miteinander konkurrieren. In der Marketing- und Ideologiefabrik besetzen sie das Atrium, die Boutique, in der die Public Relations unter »Poesie« firmieren.

Treten Sie also ein ins Universum der Phrasen.

6. Phraseologie

Was geschieht mit den Worten, wenn sie Sterbensworte werden? Roland Barthes hat 1957 in seinen »Mythologies« (die man in »Phraséologies« übersetzen könnte) beschrieben, wie die Sprache entleibt, entlebendigt wird, wie untote Worte produziert werden. Zwar verwendet er nur selten die Metaphorik der Prostitution. Doch so, wie die Aussageform operiert, die er Mythos nennt, erfüllt sie den Tatbestand der Zuhälterei, indem sie Worte, Sätze und Bilder zwingt, für bestimmte Zwecke zu stehen, wie Prostituierte nur zu bestimmten Zwecken auf der Straße stehen. Worte gehen aus dem Haus, Worte haben einen Tag verbracht, Worte sind auf dem Weg, unstet oder zielgerichtet oder zerstreut oder versunken, Worte haben Ansichten, Absichten und Aussichten, eine Herkunft und einen Kontext, Worte gehen spazieren, schauen in Schaufenster, singen vor sich hin, halten inne, treten von einem Bein aufs andere, sprechen mit anderen, gehen weiter, lächeln, verweilen. Damit sie zu Prostituierten werden, müssen ihnen all diese Bedeutungen genommen werden.

Den Worten wird, wie der Wut des Kindes oder dem stoischen Ausdruck Buster Keatons, der schwarzen Milch oder dem weiten Feld, ein vampiristischer Prozeß gemacht. Sie sind, so Barthes, Zeichen, deren Sinn ausgeleert wird, bis nur mehr die hohle Form übrigbleibt, in die die neue Bedeutung gegossen wird. Anders gesagt: Das Wort wird in eine Geste verwandelt, die nun auf einen starren Begriff verweist – der Charme des Kindes, Keatons Komik. Eine Fülle von Formen – der späte Auftritt des Kindes, seine Redegewandtheit, sein Lachen, Schmollen, Widerstreben, Protestieren, Aufstampfen, Nachgeben; Keatons Stolpern, Erschrecken, Geschicklichkeit und Ungeschick, Glück und Unglück – kann sich, wie die Wut oder der Ernst, mit diesem einen Begriff füllen. So wird die Sprache beraubt, willfährig gemacht, vereinheitlicht und benutzt. Doch der Zuhälter versteht es, diesen Zwang zu kaschieren. Man sieht den Prostituierten nicht an, daß sie »nicht wollen«; sie scheinen freiwillig dazustehen, ja mehr als freiwillig: aus natürlichem Antrieb. Nicht weil (seit) sie da steht, ist sie (nun) eine Prostituierte – sie steht da, weil sie eine Prostituierte *ist*. Das Wort ist tot, und in seiner Hülle lebt, von seinem Sinn ernährt, als falsche Natur die Phrase.

Roland Barthes zählt sieben rhetorische Maßnahmen auf, Grundfiguren der mythischen Inbesitznahme der Sprache. Sie lesen sich wie eine Phänomenologie der Ausbeutung, die heute, ein halbes Jahrhundert danach, der Sprache widerfährt – mit dem Unterschied, daß ihr ausgeweideter Körper in seiner verstümmelten Schönheit mittlerweile aus dem Zentrum gerückt ist; wie eine Moräne liegt er heute am Rand der expandierten Bilderwelt, wo seine Reste verwertet werden.

Das *Serum*, das liberale Zugeständnis, funktioniert (zur Zeit in Form der politischen Unkorrektheit) als Alibi der fortdauernden spießigen Affirmation. Die *Entziehung der Geschichte*, eigentlich ein Merkmal jeder mythischen Operation, versetzt die kontingente Aussage in Ewigkeitsstarre und verleiht ihr eine Aura von Folklore. Die *Identifizierung* exorziert den Anderen und behandelt die Orte, in denen er auftritt, als Spiegel – und sei es in Form des Zerrspiegels, in dem das Nicht-Ich als Exot angeeignet wird. Die *Tautologie* ist eine autoritäre Resignation: Wenn die Worte ausgehen, und das geschieht dem Phrasendrescher oft, pocht er auf die Rechte der Realität und erzeugt die tote Welt des Es-ist-so-wie-es-ist. Das *Weder-Noch* ist ein Fluchtmechanismus – man könnte ihn »Die falsche Alternative« nennen –, der eine prästabilierte Harmonie behauptet, indem er das Vorhandene in einen Gegensatz zwingt, um es ganz loszuwerden. Die *Quantifizierung der Qualität* schafft durch eine Anzahl von berechenbaren Effekten ein lügenhaftes Ganzes, das sich mit einer – wie Barthes sagt – »gewittrigen Würde« der Intuition anempfiehlt; hierher gehört die Haufenkunst einer bedeutungsgeblähten Postmoderne. Die *Feststellung* ist wiederum eine Grundtendenz des Mythos, die zum Sprichwort – der Maxime des gesunden Menschenverstandes. Barthes hat sieben Todsünden an der Sprache aufgeführt und das *Zitat*, das er in seiner Herleitung beispielhaft analysiert, im Kanon unerwähnt gelassen – vielleicht, weil es die Logik aller mythischen Deformationen umfaßt. Das Zitat aber ist das Schicksal der Poesie unter der Diktatur des gehobenen Kleinbürgertums, die in der literarischen Öffentlichkeit herrscht.

Ist nicht aber die Poesie als »Sondersprache« zuletzt immer resistent gegenüber dem Gerede? Und vor allem: Hat sie nicht selbst mythische Eigenschaften, weil sie den vereinbarten Sinn der Worte ebenfalls aufhebt und sie hernach »für etwas anderes stehen« läßt? Hier verläuft der schmale, aber abgrundtiefe Riß zwischen Literatur und Pseudoliteratur, den die professionellen kritischen Instanzen mittlerweile systematisch übergehen. Längst wird im großen Stil als »Literatur« gehandelt, was doch eins der ersten Territorien der Phrase ist – der Ort, wo die Worte tatsächlich »für etwas anderes benutzt« werden. Man muß Roland Barthes' Bestimmung des Poetischen nur auf diese Erzeugnisse selbst anwenden: »Während der Mythos auf eine Ultra-Bedeutung abzielt, auf die Erweiterung des primären Systems, versucht die Poesie […], eine Binnenbedeutung wiederzufinden, einen vor-semiologischen Zustand der Sprache: sie bemüht sich, das Zeichen zurückzuverwandeln in Sinn.«

Die Phrase ist parasitär. Sie bemächtigt sich der Worte, um sich von ihnen zu nähren, satt und prahlerisch. Sie saugt ihre Opfer aus und stopft sie mit Bedeutungen, die keinen Platz für den überlieferten Alltagssinn der Worte lassen; so entsteht die aufgeblähte Metaphorik, der nur sich selbst gerechte Ausdruck, das geschwellte Bild, die Manier, ornamental überladen oder lakonisch verklemmt, der Hang zur abgegriffenen Kombination, in der die Bedeutung der

Teile untergeht, ebenso das raunende Heischen nach Extravaganz ... das Wort als besetzter Hohlraum, kurz als Geste.*

Literatur, die nicht lügt, läßt den Sinn zu Wort kommen – nicht, um die Vereinbarungen zu bestätigen, sondern um sie kenntlich zu machen. Die Lüge ist aufs Wiedererkennen aus, sie verfälscht zur Kenntlichkeit (der kloakentiefsinnigen bildungsbürgerlichen »Sensibilität« für die letzten Dinge auf einem Friedhof etwa). Einen »wahren Satz« erkennt man an seiner Abstinenz in der Sinngebung. Er tritt dem Sinn nicht zu nahe; er meidet ihn; er kreist ihn ein; er zielt daneben, sieht von ihm ab, wie man neben einen schwach leuchtenden kleinen Stern schaut, um ihn sehen zu können; er umspielt ihn, und sei es mit

---

* Beispiele sind immer widerwärtig. Eine Stichprobe beim Blick in die Taschenbuchabteilung (»Romane«) einer Buchhandlung muß genügen. Hier der auf Roms Hauptfriedhof gemünzte Satz einer laut Klappe preisgekrönten Literatin namens Uta-Maria Heim: »Dem Tod gewachsen scheinen nur Monstrosität und Anarchie.« Die komplett falsche Aussage (gerade die auf dem christlichen Friedhof, zumal auf dem Campo Verano herrschende Ordnung soll dem Tod entgegentreten) gehört zu den mythischen Feststellungen. Die aufgeplusterten Abstrakta, mit denen sie totalisiert wird; die »gewittrige« Banalität dieses erlogenen Ganzen; die prätentiöse Satzstellung, dazu da, die Sinnleere gestisch zu verdekken; das alibihafte Auftrumpfen des Gefühls im »scheinen«; schließlich der Mut zur Häßlichkeit, mit dem der schwerfüßige Nominalstil dahertrampelt, weil es die »ultra-bedeutsame« Übergröße der Begriffe erfordert, ergeben, wie unscheinbar und massenhaft auch immer, das Musterexemplar einer Phrase in ihrer ganzen Großspurigkeit.

Aufwand, Beschwörungstänzen und Krach und Gelichter, bis der Sinn mittendrin sichtbar wird oder am Rand, als fassungsloser Zuschauer. In der Literatur gehören (im Gegensatz zur Logik, wo Lüge nicht ohne Intelligenz auskommt) Lüge und Dummheit zusammen; man kann nicht eins ohne das andere pflegen. Lügen trampeln den Sinn tot. Die poetische Suche lockt ihn hervor. Sie verwendet all ihre Überredungskunst darauf, die Zeichen zu bewegen, preiszugeben, was sie verbergen. Da sie dazu jedoch wieder nur Zeichen zur Verfügung hat, geht sich die Sprache selbst auf den Grund; »wahre Sprache« ist Selbstüberlistung.

Bei dem vielsprachigen Elias Canetti handelt davon das Motiv der »geretteten«, bei der Japanerin Yoko Tawada das der »geraubten Zunge«. Sie spricht nicht von List, sondern, mehr noch, von Kampf: »Man wird sehr feige in der Muttersprache, man hat kein Mittel, mit dem man gegen die Sprache kämpfen kann.« Wer in eine fremde umzieht, nimmt doppelt wahr, wie vergeblich dieser Kampf ist. Wovon die Worte sprechen, das ist in keiner Sprache aufgehoben, und dennoch sucht eine jede danach. In der Fiktion, das Unausdrückbare ließe sich in Worte übersetzen, nimmt es die Poesie mit der Sprache auf. Deshalb ist es zulässig, hier von Wahrheit zu sprechen – als Weg, als Vorgang, als Entdeckung. Yoko Tawada hat diese poetische Entbergung in einem Interview beschrieben: »Das Schreiben kommt mir manchmal vor wie eine Übersetzung einer völlig sprachlosen

Welt in die Welt der Sprache. Die sprachlose Welt gibt es im Alltag nicht, die muß man künstlich schaffen, weil [...] die Welt voll ist mit Wörtern. Sie erstmal zum Verschwinden zu bringen, das ist der erste Schritt beim Schreiben für mich, weil die Sprache meistens gar nichts mehr ausdrückt, sondern alles zudeckt [...] Wir sehen etwas, und schon ist die Sprache da und erklärt, was das bedeutet, wie das heißt und welchen Sinn das für das Leben hat. Wenn diese Sprachen einmal verschwinden [...] dann sind wir ganz nackt und alleine mit der Welt.«

Wenn Anton Čechov in einem Wort wie »Samovar« oder »Sonne« den erschöpften, müde gewordenen Wortsinn weckt, wenn er ihn – einfach, bildlos – hervorruft, in einer kurzen Erzählung meistens an zwei Stellen, die miteinander korrespondieren, ist es, als reinige er das Zeichen von den Spuren des Gebrauchs, und es wird transparent für das, was es in der Welt bezeichnet: »kristallinisch«. Die poetische Sprache schlägt also den Rückweg ein; deshalb nennt Barthes sie ein »regressives semiologisches System [...] Ihr [...] Ideal wäre es, nicht zum Sinn der Wörter zu gelangen, sondern zum Sinn der Dinge selbst.«

Während die phraseologische, die Pseudoliteratur auf der Sprache sitzt wie ein Nachtmahr auf der Brust des Träumenden, ziehen sich die Worte in der dichterischen Sprache zusammen; sie ziehen sich aus, mehr noch: sie erweisen sich im Moment der Wahrheit als des Kaisers neue Kleider, werden durchsichtig und zeigen dem, der sehen will, die Welt des Bezeichneten. Deshalb neigt Dichtung, wie wortreich auch immer, zur Sprachlosigkeit. Roland Barthes beobachtet, »daß unsere moderne Poesie sich als ein Mord an der Sprache erweist, eine Art räumliches, spürbares Analogon zum Schweigen.«

Bei der Erklärung, warum die Poesie, diese besonders renitente Sprache, vom Mythos vereinnahmt werden kann, verwendet Barthes schließlich die Metapher des Bordells: »Der Mythos kann alles erreichen, alles korrumpieren, sogar die Bewegung, durch die sich ihm etwas gerade entzieht, so daß sich die Objektsprache letzten Endes umso stärker prostituiert, je mehr Widerstand sie leistet. Wer vollkommen Widerstand leistet, gibt vollkommen nach.« Dies kann z.B. der mathematischen Sprache widerfahren, gerade weil sie sich als abgeschlossenes, formalisiertes System gegen jede Interpretation – und damit gegen die mythische Operation der »Sinngebung« – wehrt: Der Mythos raubt sie als ganze, indem er, pars pro toto, eine Formel zitiert und sie mit dem Begriff der Mathematizität identifiziert: eine Totalvereinnahmung etwa durch den Satz des Pythagoras. So wird das karge wissenschaftliche Sprachgerippe mit Orden behängt und vorgeführt.

Eben darin besteht das Schicksal der poetischen Sprache. Ein Zitat wird als Feuilletonblatt aufgespießt, ein »wahrer Satz« als bildungsbürgerliches Schmuckstück angeheftet, um auf einen Schlag die »Poetizität« selbst zu verkörpern. Die Pseudoliteratur, die sich nicht offen von Diebstählen erhalten kann, äfft die Verfahren des Poetischen nach, Form und Ton. »Schau her, nimm mich wahr, ich bedeute

Poesie!« appelliert der phraseologische Gestus. Die stumme poetische Sprache, die den Mund verschließt, um kein Sterbenswort zu verraten, wird zur Aussage gezwungen. Da stehen sie in aller Öffentlichkeit am Straßenrand, gefesselt und geknebelt, und lächeln doch und spreizen sich: die »schwarze Milch« und das »weite Feld«, »Hans heißen sie alle« und »Am zwanzigsten Jänner ging Lenz durchs Gebirg«; und sie bedeuten alle dasselbe: Ich bin ein poetischer Satz ...

»Und es war, als solle ihn die Scham überleben.«

7. Haut und Papier, Heimat und Exil

Eins der ersten Bilder für die Scham ist das Feigenblatt. Daß Adam und Eva es vor ihre »Scham« hielten, war nicht das Ergebnis ihrer Vertreibung aus dem Paradies, sondern ging ihr voraus – als Zeichen dafür, daß sie etwas zu verbergen hatten. Die Erkenntnis, die sie mit dem Apfel aufgenommen hatten, hatte dazu geführt, daß ihnen der Ursprungszustand nicht mehr – oder allzu – natürlich war: »Da wurden ihrer beider Augen aufgetan, und sie wurden gewahr, daß sie nackt waren.« Bevor sie den Ort verlassen mußten, der den Inbegriff jeglichen Zuhauseseins darstellt, waren sie aus ihrem Körper ausgezogen. Das Feigenblatt verbarg ihre Scham und veröffentlichte sie zugleich: »Wer hat dir's gesagt, daß du nackt bist?«

Mit der ersten Veröffentlichung, dem Zettel an der Wand, war ich aus dem Körper geschlüpft. Jahre danach war es der Körper selbst, der aus der bekannten und anerkannten Welt auszog und mich zwang, ihm nachzufolgen, auf einen Weg in die Fremde. In meiner Erinnerung höre ich ein glattes Summen, ich rieche Desinfektionsmittel, Bohnerwachs und Fertigessen. Dabei schaue ich auf meine neuen Schuhe und entdecke zwei kleine Risse in dem hellen Wildleder. Das Geräusch des Krankenhausaufzugs und der Geruch der Krankenhausflure steigern die Enttäuschung über diese kleinen Zeichen der Zerstörung. Neben mir steht meine Mutter und sagt ein paar Worte, die zeigen, wie schwer es ist, unbeschwert zu erscheinen. Weil mich diese Schwere daran hindert, etwas schwerzunehmen, was so wenig Gewicht hat, schweige ich und bleibe mit dem Schreck über die kaputten Schuhe allein. Es ist Vormittag. Diejenigen, die es sich leisten können, Risse im Leder ihrer Schuhe als Ernstfall zu betrachten, schwärmen auf den Schulhof, fürchten sich vor der nächsten Stunde, verabreden sich für den Nachmittag, pusten Luft durch die Strohhalme in die Kakaotüten und zielen mit Butterbrotpapierknäueln auf die Papierkörbe. Sie sind bedrückt, weil sie beim Vokabelabfragen gescheitert sind, und warten auf das letzte Klingeln und auf das Nachhausekommen, wenn sie am Eßtisch sitzen und Fragen nach dem überstandenen Schultag beantworten müssen. Sie befinden sich in der himmelweit entfernten Region, in der auch ich bis vor kurzem zu Hause war und in die ich mich zurücksehne, hinter die Grenzen der Normalität, die von innen unsichtbar, von außen aber unüberwindlich hoch und abweisend erscheinen.

Der Aufzug wird auf irgendeinem höheren Stockwerk abfedern und anhalten, die Türflügel werden aufsurren, und die Tür zum Sprechzimmer wird bedrohlich sein wie alle geschlossenen Türen, wenn man weiß, daß man beim Eintreten ein anderer ist als der, der wieder heraustreten wird, denn dahinter wird ein Orakel gesprochen, das einen ratlos und bang hinterläßt. Zwar haben auch die vertrauten Türen der Klassenzimmer zu bestimmten Zeiten einen unsichtbaren Anstrich, der einen zögern läßt, weil man sich mit dem Öffnen etwas erwartet Unerwartetem aussetzt; denn auch Lehrer diagnostizieren, so wie ihrerseits die Ärzte prüfen und Zensuren geben. Aber das Schicksal, das hinter solchen Türen liegt, teilen viele, und wenn sie ihm auch als einzelne unterworfen sind und als einzelne daraus hervorgehen, so sind sie darin doch gemeinsam wie ihre Stimmen in dem von kleinen Kreischern und Lachern durchsetzten Gesumme auf dem Schulhof. Mich erwartet das leise Klopfen der eigenen Schritte auf dem Linoleum und das Klopfen der eigenen Finger an die Sprechzimmertür, und der Schmerz, den ich beim Blick auf meine Schuhe empfinde, enthält die hilflose Empörung über die Ungerechtigkeit, daß ich es bin, die so herausgestellt ist. Ich werde unterworfen, ich ahne, daß ich hinter der Tür noch mehr unterworfen werden soll, und vor der Niederlage bewahrt mich allein die Gewißheit, daß das nicht freiwillig geschehen wird, sondern aus Nötigung.

Der Arzt wird neben der Liege stehen und sagen: Zieh dich aus! und mit diesen Worten, die Mutter mitwinkend, das Zimmer durch eine Seitentür verlassen. Ich werde die kaputten Schuhe ausziehen und die Kleider bis auf die Unterwäsche, und während ich neben dem Stuhl stehe und überlege, ob von mir verlangt ist, auch diese noch auszuziehen und auf den Kleiderhaufen zu legen, wird er zurückkommen und fragen: Warum stehst du hier immer noch? Dann mit einer vagen Geste: Das auch, und wenn ich, ohne

Unterhemd, wieder zögere, wird er sagen: Na gut, das kannst du anbehalten, jetzt leg dich her. Während ich auf der Liege ausgestreckt bin, wird er auf mir herumtasten und herumdrücken und dabei mit den Fingern auch unter diese letzte Hülle gehen, am Bauch und an den Leisten, und ich werde versuchen, alles, was ich einmal als Druckschmerz oder Kitzeln kennengelernt habe, nicht mehr zu spüren. Daran und an den endlosen Folgeminuten, in denen ich weiter auf dem Rücken liege und friere, nachdem er sich mit einer schnellen Bewegung auf dem Drehstuhl abgewandt hat, wird meine Empörung wachsen.

Ich weiß nicht, daß ich gekränkt, gedemütigt, erniedrigt werde; ich fühle nur eine Zumutung und daß ich sie nicht erleiden will, solange ich sie zu ertragen habe. Ich immunisiere meinen Körper mit Vorbehalten bis in jede Kammer unter der Haut, die die Ärzte berühren, und bald darauf werde ich meine Mittel perfektionieren, damit ich auch, wenn sie mit den ihren unter meine Haut gehen, alles, was sie tun, nur über mich ergehen lasse. Ich versage ihnen jeden Ausdruck der Hingabe. Es wäre wohl leichter, zu heulen und zu wüten, aber das Geschöpf, das dabei entstünde, könnte ich nicht wiedererkennen. Es wäre das, was sie aus mir machen wollen.

Zwischen mir und dem Arzt liegt meine nackte Haut, unter der ich mich verstecken und verwandeln will. Jeder Winkel in meinem Innern ist mit Protest angefüllt, und selbst, wenn ich etwas davon ausfließen lasse, schmeckt noch das Salz danach, das sich mit den Tränen in der Nase sammelt und über die

Augen zum Mund zurückrinnt, wo ich es auflecke und schlucke und aufbewahre. Am besten komme ich zurecht, wenn der körperliche Schmerz wirklich Schmerz genannt werden muß, er ist ein Gegner, an dem ich die Menge der Kraft ermesse, die ich auf diese Weise sammle. Mit dem Gleichgewicht zwischen seinem Angriff und meiner Gegenwehr entsteht eine ruhige Genugtuung, federnd wie ein fest gespanntes Seil, auf dem ich konzentriert Fuß vor Fuß setze – ein Seil zwischen Erlebnis und Ausdruck. Auch wenn meine Macht noch nicht ausreicht, um dabei lächelnd Pirouetten zu drehen, so erfahre ich doch das Glück einer Autarkie, die nichts und niemand anderem erlaubt, meinen Körper zu beherrschen. Ich lerne, mich mit mir zu entzweien und zu einigen. Ich fahre aus der Haut, indem ich mich unter meine Haut zurückziehe. Ich bewege mich im Niemandsland.

Kurz, ich will aus dem Körper, der mir zum Gefängnis geworden ist, in ein Versteck ziehen, das mir ein neues Zuhause sein kann. Welches Zuhause? Es müßte ein Ort sein, wo man durch Schmerz nicht zum Geständnis gezwungen (und durch Lust nicht zu Zugeständnissen verleitet) wird, sondern freiwillig aussagt, freiwillig hergibt. Ein Ort, der nicht, wie der Körper, in Besitz genommen werden kann. Wo man sich ausdrücken kann, ohne sich zu kompromittieren. Wo man nicht gestellt, festgelegt, identifiziert werden kann. Ein Ort, den man alleine bewohnt.

Wenn der Zettel, auf den ich meine Wut geschrieben hatte, einem Feigenblatt vergleichbar ist, so war das Papier, das ich von nun an beschrieb, eine zweite Haut, in die ich mich einwickelte. Die Worte schwarz auf weiß, ohne Anführungszeichen und ohne Gegenüber, sorgfältig in der Abgeschlossenheit gesetzt, wurden zum Exil des Körpers. Nichts ist den Sinnen ferner als die lautlosen geschriebenen Worte; aber das Papier, das mit Worten bedeckt wird, entspricht dem ausgedehntesten Sinnesorgan, dem, das die Körpergrenze bildet. Vor Gutenberg wurde es mit der Feder geritzt und gestr(e)ichelt, nach ihm gestanzt und geprägt. Und selbst wenn es nach und nach von der Bildfläche verschwindet und der Bildschirmfläche weicht, wird das Papier immer noch den Blinden dazu dienen, die Worte mit den Fingerkuppen abzutasten.

Auch die Haut wird mit Zeichen beschrieben. Von wem? Vom Leben, sagt man. Das Leben als langsamer (Zell-)Tod überzieht sie mit einem Netz von Linien und Flecken, seine plötzlichen Sprünge mit Narben, und die Arbeit der Bewegungen und dessen, was sie bewegt, die Folge der Ereignisse und der Rhythmus der Wiederholungen, hinterlassen auf der Oberfläche ein Relief, das sich der Lektüre darbietet wie eine Partitur der Empfindungen. Die Haut bewahrt, was ihr angetan wird, nicht anders als das Papier die Schrift. Jede Begegnung ist ein gemeinsamer Text; ich bespreche dich; ich schreibe meine Sätze auf deinen Körper; nicht bloß, daß wir einander automatisch, im Verhältnis von Reiz und Reaktion, antworten – wir fragen, kommentieren, behaupten, insistieren, wir erfinden; und in den Schmerzpraktiken verliert diese Tatsache vollends ihren metaphorischen

Charakter, wenn die Haut zur Fläche wird, auf der Zeichen eingeritzt, -geschnitten, -gestanzt werden: Zeichen, die der Körper nicht vergessen kann, der sonst so viel leichter zu vergessen scheint als das mentale Gedächtnis, das die Geheimnisse in unsichtbarer Form aufbewahrt.

Denn beide, Körper und Sprache, bergen ein Geheimnis. Nicht irgendein numinoses, elitäres, notwendig unzugängliches und autoritäres, sondern ein legitimes – legitim als Geheimnis. Etwas, das durch bloßes Ausplaudern nicht entschlüsselt, sondern weiter verschüttet wird. Es wird beschädigt, wenn es – »Zieh dich aus!« – seinem Status als Geheimnis entrissen und der öffentlichen Artikulation preisgegeben wird. Seit dies massenhaft geschieht, wird der Exhibitionismus zur gesellschaftlichen Praxis organisierter Vertraulichkeit und konventioneller Schamlosigkeit gesteigert. Das umstandslose und unverschämte Zeigen und Besprechen des Körperlichen berührt nicht nur das Körperliche. Je mehr vom Unsagbaren ausgestellt wird, desto deutlicher demonstriert diese Praxis, daß auch der Ort der Sprache kein uneinnehmbares Land, keine sichere Zuflucht ist.

Der Frankfurter Philosophieprofessor Adorno – seine Prägung vom Verblendungszusammenhang und die, daß es kein richtiges Leben im falschen gibt, sind ebenfalls längst im Supermarkt der philosophischen Sprüche gelandet – hat das Physische, Leben und Leid im körperlichen Sinn als Fluchtpunkt der Kunstwahrheit gegenüber dem schlechten Allgemeinen betrachtet. Die Kehrseite des Körperlichen,

Empfindlichkeit, Schamgefühl und Berührungsangst, machten ihn zu einem der strengsten und repressivsten Verfolger des unverschämten Sprach-Gebrauchs; nur eine winzige Schutzzone avancierter Kunst blieb von seinem Verdikt verschont. Als ihm dann das Körperliche zu nahe trat in der bekannten exhibitionistischen Attacke seiner Studentinnen, da rief er das uniformierte Allgemeine zur Rettung auf den Plan – traurig, schrecklich traurig das Foto des verletzlichen, kompakten Glatzkopfs mit dem herbeigerufenen Polizisten im Seminarraum, ein Dokument der Schwäche. Es läßt sich nur schwer entscheiden, welche Geste – diese oder die der Studentinnen – obszöner, wohl aber, welche intelligenter ist. Die Angreiferinnen haben, wenn auch unfreiwillig, den restriktiven Verteidiger des Besonderen in der Kunst an der richtigen, eben der Schwachstelle getroffen. Sie haben die Intimität des Wortes mit dem blanken Busen, den sprachlichen mit dem sexuellen Ausdruck konfrontiert und damit die Analogie der Intimitäten, von Sprache und Körper vorgeführt. Eine Handlung, die unter »normalen« Umständen eine vertraulich-verletzliche Eröffnung wäre, haben sie in eine Gewalttat verwandelt und aus einem besonderen, geheimen Zeichen eine öffentliche Massenaktion gemacht.

Besser und böser kann man Adorno, der in hermetischen Worten die Unmittelbarkeit bekämpfte und Nischen fürs zarte Besondere suchte, kaum verstehen. Wort und Geste, Wort und Berührung sind sowohl absolute, einzigartige Indikatoren von unteilbarem Leben als auch relative und austauschbare allgemeine Verständigungsmittel. Tauschmittel und Original, Äquivalent und Unikat. Dennoch sind sie sich nicht gleich – ein Medium ist robuster, eins ist gefährdeter durch Ausverkauf, Korruption, Tausch. Indem Adorno die wortlose Attacke mit einer wortlosen Gegenattacke beantwortete, ist er zum hilflosen Komplizen der »Täterinnen« geworden: Die Provokation hat ihm die Sprache verschlagen.

Denn die Sprache ist noch empfindlicher, noch antastbarer als der Körper. Die Beliebigkeit beim körperlichen Tausch von Berührungen und Gesten ist nicht mehr als eine soziale Angelegenheit. Ich kann diesen in die Halsbeuge küssen – jenen auch; ich gebe beiden das gleiche und bringe sie damit beide unter einen, meinen Zusammenhang. Die Beliebigkeit beim Einsatz und Ersatz der Worte hat dagegen kosmische Dimensionen. So erklärt sich das kurze helle Entsetzen, wenn wir einen Namen verwechseln. Es ist nicht obszön, verschiedene Menschen auf die gleiche Weise zu umarmen, wohl aber, ein Erlebnis zweimal mit denselben Worten zu erzählen. Die Wiederholung von Gesten kann die Privatheit begrenzen, die Kopie von Worten kann sie auslöschen. In einem Roman von Wilhelm Genazino wird die körperliche Intimität eines Ehepaares geschildert. In den Anfängen entwickelt sich innerhalb der Privatsprache des Paares ein Wort für das Geschlecht der Frau, ein Wort als eindeutiger Signifikant in dem winzigen Kosmos von zweien: »Schwälbchen«. Im Verlauf der Ehezeit, das Wort »Schwälbchen« ist längst untergegangen, vergessen oder vermieden, schläft er mit einer anderen Frau: ein normalschrecklicher Vorgang, der beide, Mann und Frau, in den sozialen Kontext des Betrügens und Betrogenwerdens, in einen Vergleichs- und Verheimlichungszusammenhang stellt, die Austauschbarkeit des körperlichen Ausdrucks. Hätte jedoch der Autor eine Szene erfunden, in der der Mann gegenüber der zweiten Frau das Wort »Schwälbchen« verwendet, so wäre der geschilderte kein normalschrecklicher, sondern ein ungeheuerlicher, ein monströser Vorgang, die Tat eine Untat: kein Betrug sondern Verrat (in der herkömmlichen Bedeutung, nach der Betrug bloß Schädigung, Verrat aber Ans-Messer-Liefern ist). Das Wort ist privater als die sexuelle Geste. Der Körper ist der Frau zwar durch den Tausch relativiert, aber nicht angetastet worden; durch die Übertragung des Geheimwortes wäre dagegen die hermetische Sprache des Paars gewaltsam aufgeschlossen und aus ihrem Ursprungszusammenhang mit dem einen körperlichen Erleben herausgebrochen worden. Aussprechen kann Vergewaltigung sein.

Ähnlich verhält es sich beim Schmerz, dem Verhältnis zwischen der Sprache der Gewalt und dem körperlichen Zufügen von Gewalt. Jede Schilderung einer Gewalthandlung ist – wie die Bezeichnungen von Gewaltinstrumenten, Folterpraktiken etc. – ein Euphemismus, der den Körper Lügen straft und die Tat wiederholend verschärft. Das Opfer wird zur Verharmlosung seines Schmerzes gezwungen, gleich, ob es selber die Verletzung versprachlichen oder der

Versprachlichung, etwa im Gerichtssaal, beiwohnen muß. Da geschieht mehr als Betrügen und Betrogenwerden um das Erlebnis des körperlichen Schmerzes und der Demütigung. Ein nachträglicher Verrat wird verübt, das Einmalige verdünnt und entstellt. Wenn das Trauma mit dem errechenbaren Durchschnittserleben und -empfinden kompatibel, verständlich gemacht wird, wohnt der Betreffende seiner eigenen Verhöhnung bei. Worte haben viele Gebrochene gerettet, und sei es nachträglich, als Ausweg aus dem stummen Körper; sie zu besetzen heißt den Fluchtweg versperren.

Die zweite Haut ist teurer als die erste und der Verlust des Exils gefährlicher als der der Heimat, in die wir hineingewachsen sind. Die erste Haut bewohnen wir unfreiwillig. Sie umfängt den Körper wie eine weiche Gefängnismauer, dazu verurteilt, Eindrücke zu empfangen und zu verarbeiten. Der stumme Ausdruck, den man auf ihr liest, ist weniger von uns als »vom Leben« gestaltet. Sie spricht anders als das Papier; sie ist dem Text, der sich in sie einschreibt oder den man auf sie schreiben läßt, ohne Aufschub, Entscheidung oder Vorbehalt ausgesetzt.

Das Papier dagegen ist ein künstliches und vorläufiges, ein falsches Zuhause. Papier schwitzt nicht, blutet nicht, und wenn es trocknet, schuppt, Ausschläge oder Falten bekommt, so nur als Teil des Textils, das in ihm lebt oder stirbt – wie beim Pergament, dem Papier, das aus Haut gemacht ist. Im Exil spricht man eine Fremdsprache. Man betritt es von außen. Ausgewandert aufs Papier, entdeckt, erobert, entwirft, sucht und erfindet man die neue Welt. Das Leben kommt in anderer, bewußterer Verwandlung aufs Papier – als gewähltes und komponiertes, verkehrtes und verschobenes, verhehltes und betontes Material. Ein anderer Strom durchzieht die Fasern des Papiers, nicht Nervenbahnen, Wasser und Blut, sondern Übersetzungsenergie, Ausdrucksspannung, Vorstellungswiderstand. Die Krankheit erscheint als Kränkung, der Schmerz als Parataxe, die Lust als Chiasmus, das Schweigen wortreich, der Schrei im Absatz; das Ich in der Wand, der Wahnsinn in den Wolken, Amerika in Kopfbildern. Kafka, der Autor von »Amerika«, war nie in Amerika ... Für Kafka liegt, wie gesagt, die Gleichung von Leben und Schreiben besonders nahe: »Aber schreiben werde ich trotz alledem, unbedingt, es ist mein Kampf um die Selbsterhaltung«, schrieb er am 31.7.1914 in das Tagebuch, und die fehlgeschlagenen »Heiratsversuche« beweisen, wie sehr das Zuhause im Leben das Exil auf dem Papier bedrohte. Zugleich ist jedoch gerade Kafka einer der kompromißlosesten Verwandlungskünstler. Die Wege seiner Schriftwelt führen nie aus ihr heraus. Je hautnäher das Papier gebraucht wird, desto stärker dichtet es sich gegen die Einflüsse ab, die sich in die erste Haut eindrücken.

In seiner Haut steckt man unwiderruflich wie in einer Zwangsjacke; sie ist, als Schutz, doch dem Leben ausgeliefert, und sie zu enthüllen heißt sich preiszugeben. Der Schutz, den das Papier bietet, ist Unterschlupf und Tarnung; die Preisgabe wird gemildert durch einen Vorwand, ein Alibi, eine Maske. Ein undefinierter Ort, schillert das Papier zwischen Hier und Da, Ich und Nicht-Ich. Gerade deshalb ist es eine gefährdete Ersatzheimat. Es zieht Maskenbildner, Imagepfleger, Pokergesichter an, weil es Wunschexistenzen verspricht, die sich beliebig kalkulieren lassen. Das Exil ist ein Tummelplatz von Kolonisatoren, Händlern, Marktschreiern und Castingagenten, die das Bild des Autors ikonografieren, um ihn ins Leben zurückzuholen. Wenn der Text zur Ware wird, geht die Beschädigung auf ihn, den Urheber über: Man meint, nackt dazustehen, als trüge man nicht Papier, sondern die eigene Haut zu Markt – wie die Sklaven, auf die die Redewendung anspielt, gefangen, verschleppt, ausgestellt, taxiert, gekauft und geschunden. Dabei sind Sklaven allein die Wortemacher, die ihre Sprache dem Markt verschreiben: die Heimatschriftsteller, die das Schreiben für eine Lebensäußerung halten, eine bloße Transpiration. Die meinen, daß Literatur vom »echten« Leben handeln kann.

Denn die Freiheit, die das Papier bietet, schließt auch die Freiheit ein, sie zu verwerfen: das Alte zu wiederholen, Lebensfolklore zu betreiben. Vor dem leeren Blatt, Inbegriff der unbegrenzten Möglichkeiten und der Beliebigkeit zugleich, zeigt sich diese Gefahr. Nicht nur, daß mit jedem Zeichen, das auf die zweite Haut gesetzt wird, aus der beunruhigenden Unendlichkeit der Sprache eine einzige Möglichkeit herausgefiltert, der Rest aber verworfen wird – und wartet da, im Verworfenen, nicht der bessere, der noch angemessenere Ausdruck? –, sondern auch, weil auf der weißen Fläche wie auf einem Palimpsest Worte und Formulierungen aus dem alten heimatlichen Sprachgebrauch durchscheinen, die den Suchenden auffordern: Nimm mich; ich stehe zur Verfügung; ich bin bewährt; du kennst mich doch ... oder die anderen, die mit dem imaginären Markenzeichen des Poetischen, die sich als literarisches Accessoire anempfehlen. Legionen von Lohnschreibern folgen diesem Angebot ohne Widerstand. Ein großer Teil der freien Arbeit des Schreibens besteht darin, sich dieser Verführung zu verweigern. Das Papier zu imprägnieren. Oder doch: sich seiner Haut zu wehren?

Haut oder Papier? Gäbe es keinen Unterschied, dann stünde es schlecht um die Sprache – und um das Leben auch. Das Körperexil läßt sich nicht heimholen ohne Verlust. Es wird zum »homeland« und geht als Zufluchtsort verloren. Die Sprache wäre erst dann ein Zuhause, wenn das Papier die Sprache des Körpers sprechen könnte, jene »erahnte Sprache«, die uns bislang versperrt ist wie das Paradies. Im Diesseits kommt das Leben nur als Zeichen in die Sprache. So lange dies so ist, bleibt die Gleichung von Haut und Papier bloß symbolisch: Wenn man »Amerika« verbrennt, verbrennt man »Kafka«. Doch geht das Symbolische gerade bei Kafka wieder ins Reale über – innerhalb der Schrift. Mit der »Strafkolonie« hat er den Verbannungsort schlechthin entworfen. In diesem Zwangsexil läßt der Schriftsteller, der »Das Urteil« schrieb, dem Delinquenten das Urteil auf den Leib, nein: durch die Haut in den Leib schreiben. Um die sechste Stunde – die Hälfte der Zeit, die die Exekution dauert – ist der Verurteilte imstande, es zu lesen; Verklärung breitet sich auf seinem Gesicht aus. »Es ist nicht leicht, die Schrift mit den Augen zu entziffern; dieser Mann entziffert sie aber mit seinen Wunden.« Ein Bild, das seinerseits entziffert werden will, ohne daß es aufgeht. Wäre das Entziffern des Urteils ein Bild fürs Schreiben, dann wäre Schreiben ein Lesen des Lebens, das sich als langsamer Todesprozeß in den Leib schreibt, senkt, frißt. Und das Papier ein Aufzeichnungsmedium dieser Lektüre. Lesend schließlich würde man den schmerzvollen Erkenntnisprozeß wiedererleben, unter der eigenen Haut. Wenn aber ein Lesender beim Umblättern der Seiten feuchte Finger bekommt, dann ist der Schweiß sein eigener.

Exkurs:
Plädoyer für die Wiedereinführung des Begriffs
»Trivialliteratur«

An den Kiosks und Kiez-Locations, wo rote Blinklichter Abweichungen und Tabubrüche zu freiem Eintritt anzeigen, steht die Öffentlichkeit Schlange. Ihre traurige Avantgarde läßt sich allsommerlich beim Bachmann-Wettbewerb, schwitzend unter den Augen der Fernsehkameras und der Jury, mit weiblichen »Geschichten zum Anfassen« oder männlichem dumpf-sexuellem Fantasy-Trotz küren, nachdem ein Provokateur dort vor Jahren ein Attentat auf seine eigene Stirn inszenierte; das Blut war echt, aber das Brett davor war festgeschraubt, und später verkaufte er im Internet Tagebücher als »Literatur«. Literatur in Anführungszeichen – denn solches Schreiben kostet keine Überwindung. Es kommt nicht aus dem Schweigen, sondern ist Teil des Geschwätzes, und nichts deutet darin auf die Anstrengung, ein durch die Gesellschaft auferlegtes Schweigen zu brechen.

Scham ist der Hof des Schweigens ums wirksame Tabu – das Geschrei um unwirksame Tabus ist gang und gäbe. Es ist nicht »tabu«, sich beim Wohnzimmerstrip fürs Massenpublikum filmen zu lassen oder Erzählungen bzw. Romane mit Sätzen wie »Im Fiat entdeckte ich den Sinn meines Lebens« (wahlweise: »Julius wollte Sex mit Alex haben«, »Sarah will gleich an ihrer Magisterarbeit weiterschreiben«)* zu veröffentlichen; verboten ist es, in der Öffentlichkeit – wenn keine Kamera dabei zuschaut – in Tränen auszubrechen, kopfzustehen oder Selbstgespräche zu führen. Scham markiert die Grenzen der Normalität, des öffentlichen Gesprächs also; mit dem Freund der besten Freundin zu schlafen, gebietet allerdings die Nachmittagstalkshow genauso wie die zur Zeit obligatorische »kühle Sinnlichkeit« junger Autorinnen, die mit der Trägheit des Überbaus hinter den vollendeten Tatsachen herschreiben und dafür von alten Kritikerinnen gelobt werden, die dergleichen Planerfüllung für subversiv halten. Die graumelierten Juroren im Literaturmachtkampf meinen, ihre verlorene Schlacht gegen wirksame Tabus im Scheingefecht gegen Pseudotabus wiederzufinden. Es sind diese ihrer eigenen Lebensmüdigkeit müden Literatursachbearbeiter, diese an der eigenen Reflexion krank und an der eigenen Aufgeklärtheit irre gewordenen Verleger, Lektoren und Kritiker, die die Preise für Massenwaren hochtreiben.

Vom Kunstgewerbe der »Fräuleinwunder« über die wachsende Zahl »literarischer« Thriller und Krimis, von pubertären Pop-Geständnissen und Szenegeplärr bis zu den anschwellenden Liebesromanen mit Titeln wie »Liebespaare«, »Liebesleben«, »Liebesperlen« oder »Liebediener« reicht die Palette programmierter Schamlosigkeiten, die die herrschende

* Frankfurter Rundschau vom 5. 5. 2000 / Berlin Verlag 2000/ Aufbau-Verlag 2001.

Moral einer begrenzten Freizügigkeit schlankweg und dummdreist bestätigen – vorzugsweise in den Rollen der via Liebeserfahrung & Weltläufigkeit selbstverwirklichten Frau und des abenteuergestählten Mannes. Nun ist noch das trivialste Thema* neu, ist anders – und seine Lektüre eine unterschwellige oder bewußtseinshelle Erkenntnis – sofern die Sprache, in der es erscheint, nicht trivial ist. Doch die Schamlosigkeit der neueren Literaturerzeugnisse ist eine ästhetische. Abgesunkene Metaphern, vernutzte Wortgesten, gespreizte Feuilletonwendungen, Sentimentalitäten, Jugendlichkeitsattitüden, lakonisches Imponiergehabe, coole Manierismen, sensibles Betroffenheitsgetue, bluttriefendes Pathos, hohler Zynismus etcetera, alles, was dem Gesetz von Effekt, Trend, Serie, Pose, kurz der Trivialität gehorcht, gehören zu dem Handwerk, das die Berge dessen, was als Literatur gehandelt wird, in massige Höhen anwachsen läßt.

Als billiges Vergnügen ist jede Trivialliteratur legitim – so legitim wie alle »Sonderposten«, die in

---

* Über die Liebe zu schreiben ist das Allertrivialste. Kaum ein Gegenstand ist so verhunzt, unfreiwillig karikiert und unironisch aufgebläht worden wie die körperliche Liebe, nicht nur dort, wo sie gezielt vermarktet, sondern auch da, wo sie in armselig peinlicher Weise behandelt wird – und damit meine ich sowohl das auftrumpfende Draufzu- wie auch das verschämte Drumrumschreiben. Es ginge wohl darum, die Grenze zwischen Außen und Innen zu betrachten und den wortlosen Gestalten, die dort angesiedelt sind, in der Sprache einen durchsichtigen Verstand zu geben ...

modernen Basaren wie »Schauen und Kaufen«, »Rudis Reste-Rampe« oder »Tchibo«-Grabbelkisten verschleudert werden, wo Trash und Kult, Praktisches und Überflüssiges, Wegwerf- und Nippesprodukte zum Spottpreis angeboten werden. Man geht in diese Raritätenkästen mit Dauer-Ausverkauf, weil man den schrillen Charme von Schnellverbrauchsware mit roten Preisschildern genauso genießt wie Gummibärchen, Modeschmuck, Big Macs, TV-Zappen oder das Blättern im »Lesezirkel«-Sammelsurium der Wartezimmer. Die Verkaufsmoral jener Branchen ist jedoch mittlerweile höher als die des Buchmarkts, denn sie unterscheiden sichtbarer zwischen Kaufhausangebot und solidem Handwerk, Fabrikscrie und Schöpfung. Die Trennlinie zwischen Autonomie und Kulturware, Kunstwerk und Trivialliteratur ist aus dem Diskurs über Literatur getilgt worden; Buchläden werden unter der Hand zusehends zu Discountern, Zeitungen zu Werbeflyern, Rezensionen zu Anzeigentexten oder bestenfalls Infomaterial der Stiftung Warentest.

Seit es einen Markt für die Zerstreuungsmedien gibt, ist das Verhältnis zwischen Massenwirksamkeit und Qualitätsanspruch ausschlaggebend für Konzeption und Kritik der Produkte, die sie anbieten. Der Profitmechanismus zwingt die Werbestrategen, mit jeder neuen Sendung, jeder neuen Zeitschrift, jedem neuen Film oder neuen Buch zu dem Versuch, zu versöhnen, was eigentlich ein Widerspruch in sich ist: hohe Qualität, die sich gut verkauft. Es mag ein Lügenspiel sein – doch wenn es aufgegeben wird, herrscht der bittere Ernst der puren Quantität. Lange hat das Fernsehen cineastische Ansprüche erhoben und drohte dem Kino den Rang abzulaufen; im Zeitalter der Privaten schließlich erübrigte das Kriterium der Einschaltquote die Konkurrenz ums bessere Angebot. Als Massenware ist das Buch demselben Verfall ausgeliefert. Das verlegerische Gebot, dem Diktat der Quantität (Dieter Wellershoff, Lektor und Autor in einer Person, nannte es »ökonomische Zensur«) abweichende Vorstellungen entgegenzuhalten, ist nur noch in Nischen zu finden – etwa in dem Programmsatz* »Wir machen nicht die Literatur, die die Leute lesen wollen, sondern solche, die sie lesen sollen«. Maximen wie der »Ausbruch aus den Kreisen der Kenner«, der Schritt aus dem »Abseits« zum »Erfolg« durch höheren Unterhaltungswert, meßbar am Verzicht auf spezifisch ästhetisch-formale, reflexive zugunsten zeitgeistig-inhaltlicher Schwerpunkte, wurden gepredigt**, als es längst soweit war. Die Imperative des Marktes wurden von den Literaturvermittlern nicht mehr verbrämt, sondern offensiv weitergetragen. Außer- bzw. vorliterarische, durch Populärkritiker wie Marcel Reich-Ranicki etablierte Kriterien wie Aktualität, Handlungsreichtum, Plastizität, »Welthaltigkeit« wurden umstandslos als Verkaufsargument verwendet, um der deutschsprachigen Literatur zum kommerziellen Durchbruch zu verhelfen – als »spannende«, »gegenwartsorientierte« Erzählliteratur.

* der sich bei Wagenbach findet.
**1993, also lange bevor McKinsey die Tatsachen vollendete, im Fischer-Verlag

Bei den Produzenten, genannt Autoren, ist inzwischen durchgedrungen, daß man diese Aufforderung zur Trivialität nur um ein wenig »Literarizität« anreichern muß, um in den erweiterten Verkaufsbereich »Kunst« vorzurücken. Ein paar Hermetismen, ein paar Anleihen an formal leicht kopierbaren Mustern wie etwa der Bernhardschen Satzmühle, ein paar erzählerische Methodenwechsel etc. sind Standards aus dem creative-writing-Repertoire, die dem Kaufhausprodukt als Ornament aufgestempelt werden, als Geste, mit der »Poetizität« zitiert wird. So verkommt in der Trivialliteratur, die keine sein will, die poetische Sprache zur Phrase. Das hindert jene Bücher nicht daran, in einem Eins-zu-Eins-Verhältnis bei den Lesern »anzukommen«. Die im Netz installierten »Leserrezensionen«, die der »Qualitätskontrolle« dienen, zeugen von dieser Übereinstimmung zwischen Konsumwünschen und Angebot (etwa: »Nur eine Frau kann so echt über Frauen schreiben«) und damit davon, daß solche Texte wie alle commercials bloßes Lebensgefühl und konditionierte Bedürfnisse abbilden, nicht anders als Tiefkühlkost den Appetit von Supermarktkunden.

Daß der Begriff »Literatur« selbst einen schalen Geschmack hat, daß er auch hier nicht ohne Überwindung positiv verwendet wird, hat seine Ursache in der bedeutungsvollen Aura, mit der das poetische Schreiben seine Abgelöstheit und Widerständigkeit bezahlt. Diese Aura ist eben auch da zum Ornament, zum Modeschmuck geworden, wo es um die »richtige«, »große« Literatur geht. Brigitte Kronauer hat dies in der Dankrede zu einer Preisverleihung den »Mißbrauch durch eine sogenannte Bildungselite« genannt, die die Weltliteratur »zu ihrem standesgemäßen Eigentum erklärt«.* Die Rede ist von den Literaturbetrieblern, die »ständig teure Namen jedes Kalibers zu gesellschaftlicher Machtausübung und kultureller Autoritätsgewinnung ins Gefecht schicken und unter diesem [...] Deckmantel ganz nach den Maßstäben der Zerstreuungsindustrie, zeitgeistkonform und also erfolgreich, ihr kritisch feuilletonistisches Geschäft praktizieren«. Kronauer bezweifelt, daß solche »routinierten Liebhaber von Literatur« die »Belästigungen durch ein Kunstwerk« vom »Figurenreichtum eines Telefonbuchs« unterscheiden können. Auf diese Kehrseite – daß die entscheidenden Instanzen die prätentiöse Attitüde trivialer Telefonbücher als literarisch absegnen – kommt es mir an. Vielleicht ließe sich die Literatur aus ihrem Museumsgefängnis ein wenig herauslösen, wenn man sie wenigstens dem Begriff nach von ihrer eigenen Karikatur unterschiede.**

---

* Sie hat diesen Preis zurückgegeben, weil sich die Bedingung – ein Fernsehfilm über Literatur – nicht ohne kompromittierende Zugeständnisse an eben diese Konventionen des Betriebs realisieren ließ.
**so daß nicht länger neben Reinhard Jirgl und Elfriede Jelinek eine Zoë Jenny, neben Wolfgang Hilbig oder Peter Handke eine Judith Hermann, neben W.G. Sebald die Platitüden eines Dietrich Schwanitz oder ein Romänchen von Elke Schmitter und neben Kronauer etwa Christian Krachts Jugend- oder Hellmuth Karaseks Altersbekenntnisse stehen.

Wer nicht über Trivialliteratur als Trivialliteratur redet und schreibt, kann auch nicht über Kunstwerke reden und schreiben, ohne sie zu verraten. Trivialliteratur verdient ihren Namen genauso wie das, was im emphatischen Sinn Literatur ist. Warum nicht den Feuilletons, den Universitätsseminaren, den Verlagsprogrammen und den Buchhandlungen ihren Löwenanteil an Trivialliteratur zubilligen? Man sollte ihr nur endlich wieder den guten alten Namen zurückgeben.

8. Literatur und Scham

Ein poetischer Text handelt vom Unsagbaren wie der Zettel, den ein Taubstummer schreibt. Wer schreibt, ist ein Versager. Er versagt sich das Sprechen. Er spricht vom Versagen der Kommunikation und der Konvention. Und er spricht vom Versagten, Verbotenen. Eins der ersten Verbote betrifft die sogenannten Tabus: Es ist untersagt, sie bestehen zu lassen.

Lange war Scham die Antwort auf ein Tabu – heute ist sie selbst eines: man schämt sich seiner Scham. Sie soll nicht länger ihr Schweigegebot verbreiten. Doch mit der Barriere, die die Bannmeile des Unaussprechlichen umschloß, ist zugleich ein Schutzwall niedergerissen worden, hinter dem sich Exzeß und Rebellion der Gefühle entfalten konnten. Scham versperrte den Zugang. Das Tabu zwang zur Sublimation. Lust und Schmerz konnten die Schamgrenzen nur im flüchtigen, gasförmigen Zustand – im Aggregatzustand der Künste – überwinden. Worte sind von allen flüchtigen Elementen die flüchtigsten, körperloser noch als Bilder oder Töne, Skulpturen oder Inszenierungen. So gesehen ist Literatur der in die Sprache ausgewanderte Körper. Und damit ein selbst vom Verschwiegenen, Verdrängten und Verbotenen gezeichneter, bizarrer Wunsch- und Angstkörper. Er existiert nur, solange das, was die Scham abschloß, nicht ins Normale und Soziale eingemeindet ist, solange es also Abweichungen von einer allgemein zugänglichen Wirklichkeit gibt, die immer weiter wächst, je größer der Zwang wird, über die Scham hinwegzureden und »sich auszusprechen«.

Das verordnete Sprechen bedeutet die sichere Katastrophe. Pasolini hat sie an der Zerstörung der Spuren archaischen Lebens in Italien hellseherisch abgelesen wie ein Wahrsager bei der Eingeweideschau. Foucault hat ihre gesellschaftliche Logik erkundet. Die Aufforderung, die Scham fallenzulassen, unverschämt, schamlos zu sein, ist inzwischen obsolet geworden. Sie köderte mit der Suggestion, es bedeute Rebellion, ja Freiheit, die geheimen Äußerungen des Körpers an die Oberfläche zu bringen. Eine allgegenwärtige Inquisition produziert über (freiwillige) Beichte, (freiwilliges) Geständnis, (freiwillige) Unterwerfung unter physische Folter(-therapien), pädagogische Maßnahmen, ärztliche Befragungen, mediale Verhöre die »Wahrheit«, eine von Machtbeziehungen durchwirkte Wirklichkeit der Körper. Marcuse hat den befreiten polymorph-perversen Ausdruck von Triebenergien noch als subversiv betrachtet; Foucault entdeckte darin die Funktion polymorpher Technologien des Wissens. In dem, was Foucault »die Sexualität« nennt – den bis in die feinsten »Durchdringungslinien« verzweigten Diskurs über den Sex, das geschlechtliche Leben des Körpers und die Formen der Lust –, wird das Geheimnis überall eilfertig preisgegeben.

Das Wissen über das Leben, das dadurch erzeugt wird, ist Macht. »Allgegenwart der Macht:

nicht weil sie das Privileg hat, unter ihrer unerschütterlichen Einheit alles zu versammeln, sondern weil sie sich in jedem Augenblick und an jedem Punkt erzeugt. Nicht weil sie alles umfaßt, sondern weil sie von überall kommt, ist die Macht überall.« Sie wirkt und arbeitet nicht als Unterdrückung, sondern als Aufspreizung von Körperlichkeit, als Produktion und Formierung von Sexualität als Teil einer riesigen Wissensstrategie. Und da jeder bei sich und gegenüber dem andern bemüht ist, das Schweigen zu brechen (und den Schrei zu artikulieren: »Laß es raus!«), kann Foucault sagen: »Die Macht kommt von unten.« Von unten, wo Pasolini einen verordneten Hedonismus am Werk sieht, einen in die tiefsten Schichten dringenden Konsumfaschismus, den Weg durch die Höllenkreise des Inferno, die in seinem Romanfragment »Petrolio« der Prototyp des freiwillig Unterdrückten durchläuft: Der Junge Merda, ein Stück Scheiße, dessen Stigma die Häßlichkeit ist – Häßlichkeit verstanden als Schrumpfstufe, Beraubung, Deprivation dessen, was einmal die »Anmut« oder, mit Kleist, die Grazie war: die natürliche Schönheit.

»Sie können hier alles sagen – sagen Sie, was Sie wollen, jetzt, an dieser Stelle«, forderte einmal sinngemäß ein Fernsehinterviewer Pasolini auf, und der antwortete, was immer er hier sage, wahr könne es nicht sein. Die Artikulation im Fernsehverhör ist immer unartikuliert, Teil einer Rede, die keine Sprache ist, sondern häßliches Gestammel, Verstümmelung. Eine von vielen Machtstrategien, verkörpert das Fernsehen im Sinn Foucaults »die Stimulierung der

Körper, die Intensivierung der Lüste, die Anreizung zum Diskurs, die Formierung der Erkenntnisse, die Verstärkung der Kontrollen«; wie in der Beichte und im Verhör liegt in der Talkshow »die Herrschaft nicht mehr bei dem, der spricht, sondern bei dem, der lauscht und schweigt; nicht mehr bei dem, der weiß und antwortet, sondern bei dem, der fragt und nicht als Wissender gilt. Und schließlich erzielt dieser Wahrheitsdiskurs seine Wirkung nicht bei dem, der ihn empfängt, sondern bei dem, dem man ihn entreißt«: dem Publikum und seinem Stellvertreter, der als Freak vorgeführt, zur Aussage gezwungen und verspottet wird. Es herrscht ein Konsens der »Freien und Gleichen«, innerhalb dessen dem Einzelnen die Verfügung über seinen Körper, sein besonderes Leben, seine Vorlieben und Praktiken, seine Abweichungen und Eigenheiten genommen und in das globale Wissen eingespeist werden, ohne daß er protestieren kann. Seinen Ausdruck kassiert die Macht, die als Öffentlichkeit auftritt. Sein Schweigen wird gebrochen, der Schrei hervorgelockt und erstickt. Im Geständnis werden die Teilnehmer des allgemeinen Geredes um die Sprache gebracht, ihre Sprache wird umgebracht.

Scham schützt »ihren« Bereich, indem sie dazu zwingt, über das in ihm Vermutete zu schweigen oder »es« anders (eigenwillig, poetisch) zu sagen. Welchen Bereich? Wittgenstein, einer der philosophischen Gewährsleute von Ingeborg Bachmanns Poetologie, unterscheidet streng zwischen Sagbarem und Unsagbarem. Das Unsagbare unterliegt dem Schweigegebot. Beim Sagbaren geht es um Klarheit, um die logische Korrespondenz zwischen Sprache und Welt, durch die Aussagen ein »Bild der Tatsachen« werden. Damit ist der Kreis des Wirklichen auf das Sagbare beschränkt – wie umgekehrt der Bereich des Sagbaren auf das Wirkliche. Doch auch Bilder, die durch bloße konsensuelle Übereinstimmung entstehen, treten als Tatsachen auf. Es sind soziale Tatsachen – jene kollektiven ideologischen Aussagen, die der Wiener Kreis aus der philosophischen Sprache herausfiltern wollte. Seine Analysen begegnen in vielem derjenigen der mythischen Aussagen im expandierenden Reich der Phrasen. Mit Hilfe der »mythischen Operationen«, die Barthes beschrieben hat, besetzt das verordnete Sprechen die (Sprach-)Wirklichkeit, indem es das Unsagbare in die (wirkliche) Sprache eingliedert, die Schamgrenzen einrennt, die Geheimnisse lüftet, die Rätsel in Nichts auflöst. Phrasenhafte Sprache ist Sprache des Lebens, Sprache des Vorhandenen: »Ist doch so!«

Wittgenstein hat das »Jenseits der Sprache« nicht mit dem Außerweltlichen oder Unwirklichen gleichgesetzt. Seine Benennung des Bereichs, für den das Schweigegebot gilt, ist bekannt: »Wovon man nicht sprechen kann, darüber soll man schweigen. Dieses zeigt sich. Es ist das Mystische.« Das Paradox des »darüber schweigen« ist ein Hinweis darauf, daß die Grenze zwischen dem Wirklichen und dem mystischen Anderen, das sich nur zeigt, nicht ganz undurchlässig ist. Man sollte sich, sagt Bachmann in einem Radioessay über Wittgenstein, »nicht irre machen lassen an den ›Grenzen‹, die nicht nur Grenzen sind, sondern Einbruchstellen des sich Zeigenden.« Die poetische Sprache bewegt sich auf dem Grat zwischen der schlechten Sprache des Vorhandenen, die zu allem etwas zu sagen weiß, und dem Schweigen:

»Die Literatur aber, die selber nicht zu sagen weiß, was sie ist, die sich nur zu erkennen gibt als ein tausendfacher und mehrtausendjähriger Verstoß gegen die schlechte Sprache – denn das Leben hat nur eine schlechte Sprache – und die ihm darum ein Utopia der Sprache gegenübersetzt, diese Literatur also […] ist zu rühmen wegen ihres verzweiflungsvollen Unterwegsseins zu dieser Sprache […] Ihre vulgärsten und preziosesten Sprachen haben noch teil an einem Sprachtraum; jede Vokabel, jede Syntax, jede Periode, Interpunktion und jedes Symbol erfüllt etwas von unserem nie ganz zu verwirklichenden Ausdruckstraum.«

Der Kampf gegen die schlechte Sprache durchzieht Bachmanns Schreiben auch als Thema. In »Alles« wendet sich ein Vater von seinem Sohn ab, sobald dieser in die Welt eintritt als einer wie alle. Er will nicht wahrhaben, daß mit einem neuen Menschen die alte Welt weitergeht: »Er sollte doch nur von vorn beginnen, mir zeigen mit einer einzigen Geste, daß er nicht unsere Gesten nachvollziehen mußte.« Fanny Goldmann verschlägt es die Sprache: »In diesen Tagen legte Fanny Goldmann das Wort ›grauenvoll‹ ab, da sie jetzt erst wußte, daß der Name Heimo oder Karin oder schlechte Manieren oder Dummheit überlastet waren unter diesem Wort – sie hatte etwas

Neues kennengelernt, und da hörten die Worte zu passen auf.« Fassungslosigkeit, gerade angesichts des Gewöhnlichen, läßt sich nicht in Worte fassen. In »Der Fall Franza« und »Malina« sind es Mann-Vater-Figuren, die die Protagonistin zum Verstummen bringen. Ich, Platzhalter der Schriftstellerin, notiert auf einem Blatt »Todesraten« statt »Todesarten«. In solchen Verfehlungen äußert sich das Verschwiegene – nicht in einem »schönen Buch«, wie es Ivan von Ich, der Erzählerin, einklagt. »Es sollte sichtbar werden, mit welcher Vehemenz dieses Ich ...« erläutert Bachmann in einem Interview – »... sich verschreibt ... kann man so sagen?« wirft die Interviewerin Toni Kienlechner ein. »Sich verschreiben – das ist ein schönes Wort«, bestätigt Bachmann.

Indem die poetische Sprache anders über *die Wirklichkeit* spricht, spricht sie stets von einer *anderen Wirklichkeit*; insofern handelt Literatur immer von Tabus. Obwohl sie nichts ausspart, keine Tabus anerkennt, existiert sie doch nur durch das Bewußtsein einer Grenze. Die Umweghaftigkeit, die »Umwundenheit« ihrer Sprache rührt daher, daß sie »weiß«, daß sie etwas antastet. *Kein Sterbenswort, ihr Worte*. Man sieht den senkrechten Zeigefinger vor den geschlossenen Lippen: Psst! Nichts verraten. Keine gemeinsame S(pr)ache machen. Nichts verlauten lassen. Die dringende Bitte an die noch nicht gesagten Worte, nicht abzukippen ins schaumige Meer der Phrasen.

»Ein Buch muß die Axt sein für das gefrorene Meer in uns. Das glaube ich«, schrieb Kafka 1904 an

Oskar Pollak. Das Tabu der Literatur ist Scham – Scham, die bei Kafka die Substanz des Schreibens ausmacht. Scham regiert den Kampf um die Worte, sie erhöht Druck, Widerstand und Zweifel beim Vordringen über die Grenze zu der Sprache hinter der Sprache, auf der Suche nach den »wahren Sätzen«. Wenn die »Grenzen unserer Sprache die Grenzen der Welt« sind, wie Wittgensteins Formel lautet, dann markiert Scham die Begrenzung, gegen die das poetische Schreiben ankämpft. Ohne Scham gibt es weder die Annäherung an eine neue noch eine Sicherung gegen den Rückfall in die alte, bekannte »Sprache des Lebens«.

»Literarisch« können nur Phraseologen; wer *wirklich* schreibt, dem bleibt es immer fremd. Wenn man eine Fremdsprache nicht beherrscht, entsteht Scham: Ungenügen, Bedrängnis, Peinlichkeit und Blamage. Das Geläufige versagt – Versagen als Sprachverirrung, Sprachverwirrung: Die Stimme versagt ganz von selbst, sie versiegt, sie vergeht, sie streikt. Im Gegensatz dazu steht das Versagen im Sinn von Untersagen, das Zurückweisen einer Erfüllung – Weigerung und Verweigerung, Verzicht und Beschränkung. Doch im gebräuchlichsten Sinn ist Versagen bloßes Scheitern: Man schafft es nicht, man ist zu schwach, gibt auf. Und wenn das Versagen in den beiden ersten Bedeutungen, der passiven und der aktiven, in die Spracharbeit einfließt, so geht ihr dieses banale Gefühl des Versagens noch voraus, als impulsgebende, ja leitende Erkenntnis des Schreibenden, einer zu sein, der zu mangelhaft ist, um die Welt, wie sie ist, und die eigene Haut bewohnen zu können. Die Suche nach der anderen Sprache kann nur dem zur Notwendigkeit werden, der das Ungenügen von innen kennt und anerkennt – als Sehnsucht nach dem natürlichen Zustand, in dem es keine Scham gibt. Wer schreibt, kennt die Scham – nicht nur als Korrekturmechanismus in der Arbeit des Schreibens, sondern als (armes, unheroisches) Bewußtsein vom eigenen Versagen am und im Leben.

Tabulosigkeit, und mit ihr das schamlose Sprechen, das nichts verschweigen, keine Ausflüchte dulden will, läuft auf eine »Austrocknung der Zuydersee« des Poetischen hinaus. Die Bereiche jenseits der Grenzen der Übereinkunft, die sich hinter einer Schweigezone verschanzen, erscheinen verfügbar; die Sprache gefügig. Schreiben aus Scham trägt Zeichen der Überwindung*, in denen das Eingeständnis lesbar wird, daß sich Welt und Worte der Verfügung entziehen und daß die Mittel, sie zu beherrschen, schwach sind, immer in Gefahr zu versagen. Souveränität, Leichtigkeit, Beweglichkeit, alle Merkmale des Gelingens sind ohne diese Spuren leer – bloße Attitüden, Ergebnisse ohne Arbeit, Ziele ohne Weg. Allenfalls hängt solchem falschen Bescheidwissen das Literarische an wie Orden eines nicht geführten Kampfes; das Wesen des Prätentiösen liegt hier, in

---

* ähnlich dem Sprechen im analytischen Prozeß, das erst durch eine Zone von Schweigen und Stammeln, von Fehlleistungen und Versprechern das Unbewußte zur Sprache bringt.

einer zur nachgetragenen Dekoration verkommenen Ahnung, daß die Sprache eigentlich Widerstand leisten müßte: kaltes Kunsthandwerk.

Scham erhitzt, läßt warmes Blut in die Wangen steigen, und die Röte verrät eine Übertretung. Wer die Scham nicht fühlt, bleibt blaß und kalt und ungerührt, denn schamloses Schreiben hat nichts einzugestehen. Die poetische Sprache zeigt die Symptome von körperlicher Energie, die sich gegen das Tabu stemmt, Reibung, Herzklopfen, Farbe, Widerstreben. Das Bewußtsein, nackt zu sein, das die peinlichen Träume beherrscht – sein Archetyp ist der Schock Adams und Evas über ihre Nacktheit –, sitzt ihr in den Knochen. Die Worte fühlen mit, sie verwandeln die aufgewendete Kraft in Stil, Rhythmus, Form, Figur. Sie demonstrieren, was es bedeutet, die Scham zu überwinden, indem sie sich ihrem Grenzverlauf anschmiegen und die Deformationen aufzeichnen, die das Bekannte erleidet, wenn es dem Widerstand ausgesetzt wird. Der Körper schlüpft in die Worte, er beteiligt sich. Die Scham schreibt mit: ihre Überwindung durch Eingeständnis, ihre Verwandlung durch Mitgefühl.

9. Daphne

Die Sprache ist die Strafe, sagt Ingeborg Bachmann. Das klingt, ganz religiös, nach dem trostlosen, schuldhaften Zustand außerhalb des Paradieses. Klingt nach der babylonischen Verwirrung, die diesseits des »Utopia der Sprache« herrscht und sowohl von ihm fortstrebt als auch – in Form der einen Sprache, die keinem und allen verständlich ist, weil sie überall eine Fremdsprache darstellt: der Sprache der Literatur – zu ihm zurück. Oder nach einer über die Verbannten verhängten Tantalus- und Sisyphosqual. Jedem das Seine: Tantalus, der betrogene Fun-Fan, lechzt mit hängender Zunge und kindischem Gelalle nach den unerreichbaren Wunscherfüllungen des taghell ausgeleuchteten Hochglanzparadieses, die ihm direkt vor Händen, Augen, Mund und Nase schweben; Sisyphos wälzt im Schweiße seines Angesichts seine schweren Dichtersätze, die ihm ein ums andere Mal entgleiten ... Doch der schwere Satz von der Strafe ist, fern von narzißtischer Bedeutsamkeit, eine einfache Feststellung über die Arbeit des Schreibens und die Existenzweise, die es erfordert. Deren Abgeschlossenheit erscheint als einziger Weg, die »Wirklichkeit« – das ist Bachmanns Wort – zu finden, weil die vorhandene Wirklichkeit die gesuchte versperrt.

Bachmanns Figuren selbst geraten innerhalb

der Außenwelt und der dort herrschenden Sprache in heillose Verwirrung, heillos, weil unheilbar; ihre Lebensweisen sind Todesarten. So wie sich das Ich in »Malina« sich immer wieder in das einzig bewohnbare Ungargassenland verkriecht, wünscht sich seine Erfinderin »zurück auf die Galeere. Wer einen dazu zwingt? Niemand natürlich. Es ist ein Zwang, eine Obsession, eine Verdammnis, eine Strafe.« Zwang und Obsession entstehen aus der Anziehung, die die gesuchte Wirklichkeit auf die Schreibende ausübt. Diese »verzweifelt gesuchte und manchmal gewonnene Wirklichkeit« ist die erahnte Sprache, der die Sklavenarbeit auf der Galeere dient. Natürlich geht es hier um freiwillig-unfreiwillige Askese und den Rückzug in eine Zelle – an den Schreibtisch: »Ich kenne nur meinen Schreibtisch, der mir verhaßt ist«. Der Überredung zu folgen, ihn zu verlassen, ist »eine Flucht, eine Verführung« – das erscheint, wie die »Versuchung«, wie eine weitere religiöse Anspielung, die doch nur besagt, daß die gewählte Existenzweise (das Schreiben) schwer zu tragen, die Alternative (die Sprache des Lebens zu sprechen) jedoch unerträglich ist.

Der »Verführung« hat sich Bachmann immer wieder entzogen, am eindrücklichsten in einem Gespräch im März 1971. Der Schluß des Interviews ist ein Rattenschwanz aus wiederholten Versuchen des damaligen »Vorsitzenden des Förderkreises deutscher Schriftsteller in Baden-Württemberg«, der Interviewten Worte zu entwinden. »Können Sie mit wenigen Worten Ihre Haltung zu der Gesellschaft [...]

kennzeichnen? – Aber wie würden Sie mit Ihren Mitteln auf die Frage antworten? – Sie würden also jetzt gar keine Antwort geben ...? – [Ihre Antwort] umreißt nicht die Haltung, die Sie gegenüber der Gesellschaft einnehmen [...] – Aber irgendwie muß (!) man sich ja verständlich machen. – Was würden Sie [...] in dieser Gesellschaft ändern?« und schließlich, entnervtes Entgegenkommen, der letzte Joker: »Was ist Ihr Wunschdenken?«, der dann endlich Antwort erhält, indem Ingeborg Bachmann die Passage »Ein Tag wird kommen ...« aus »Malina« vorliest. Die Antworten dokumentieren ihre Weigerung, Worte an einen öffentlichen Anspruch zu verraten, der sie unbrauchbar machen würde. »Ansichten sind überhaupt unwichtig, sie sind nur brauchbar als Stützen im Gespräch« – und Bachmann sperrt sich dagegen, eine »Gesprächspartnerin« zu sein. Sie verhält sich wie jemand, der die Lippen zusammenpreßt, um sich den Mund nicht vollstopfen zu lassen. Kein Sterbenswort – kein kulturkritisches Vokabular: »Ich habe keines dafür. Ich habe keine Ansichten. [...] Ein Schriftsteller hat keine ›Worte zu machen‹; das heißt, er hat keine Phrasen zu verwenden. [...] für mich verbietet sich das: Es wäre das Leichteste, und das Leichte muß man sich verbieten. Die Schriftsteller werden erst wirklich abdanken müssen, wenn sie nur noch Phrasen im Mund haben, die die anderen auch haben.« Die »Aktualität korrumpieren«, »darstellen«, »ausdrücken« nennt sie dagegen das Wortemachen, ohne Worte zu machen.

Ein Paradox, immer noch. Aber die Alternative,

sich selbst das Wort zu verbieten, ist blankes Verzagen. Der Satz *Kein Sterbenswort, ihr Worte* markiert diesen Versuch in Bachmanns Schreibbiografie. Er bildet die Schlußzeile des Gedichts *Ihr Worte*, das einen vorläufigen Schlußpunkt der Lyrik darstellt, mit der sie zur berühmten öffentlichen Person geworden war. Sterbenswörter, das ist hier »leeres Geroll von Silben«; »das Wort / wird doch nur / andre Worte nach sich ziehn […] Laßt, sag ich, laßt.« Ein Einhalt dem Rollen des Signifikanten, dem Eins-gibt-das-andere beim Wortemachen, das in Wiederholungen mündet, dem Abschleifen, Zerreden, Zerschreiben. Und *Keine Delikatessen*, später geschrieben vor dem endgültigen Schweigen der Lyrikerin Bachmann und unter ihren letzten Gedichten 1968 veröffentlicht, ein Pamphlet der Sprachmoral, ein Trotzgedicht, höhnt das Schönschreiben, flicht Gewaltbilder wie einen Draht ins edle Metapherngewebe – »Soll ich / eine Metapher ausstaffieren / mit einer Mandelblüte? / die Syntax kreuzigen / auf einen Lichteffekt? […] Soll ich / einen Gedanken gefangennehmen, / abführen in eine erleuchtete Satzzelle? / Aug und Ohr verköstigen / mit Worthappen erster Güte?« Der Abschied von den Gedichten, diese Ankündigung des Schweigens zeugt durchaus von hochmütigem Haß auf die, die mit Worten klingeln: »Die andern wissen sich / weißgott / mit den Worten zu helfen. / Ich bin nicht mein Assistent.« Papier wird eingerissen, »Angezetteltes« weggefegt, die Pronomen werden eins nach dem andern genannt und vernichtet, und die dritte Person Plural, das Pronomen der Allgemeinheit, wird nicht einmal angefaßt, sondern am Ende vom Lied wegwerfend-abwehrend eingeklammert: »(Soll doch. Sollen die andern.) // Mein Teil, es soll verloren gehen.«

Im äußersten Sinn benennt das »Sterbenswort« den Sündenfall der Literatur, der darin besteht, die erahnte Sprache überhaupt der Öffentlichkeit auszusetzen; deshalb ist es kein Zufall, daß der Entwurf mit diesem Satz endet wie das Gedicht, dem er entstammt – denn mit einem Schlußsatz beginnt man wieder zu schweigen. Literatur ohne Öffentlichkeit, d.h. ohne Leser (den sich Ingeborg Bachmann als *ein* Du vorgestellt hat), ist keine; das ist die Erbsünde, mit der sie leben muß. Die Worte müssen den Übergang ins öffentliche Element, an Licht und Luft und den Sauerstoff riskieren, unter dem ihre Farben wie die Wandmalereien in dem römischen Keller in Fellinis *Roma* im Moment des Öffnens zergehen – und sei es, weil sie selbst ungenügend sind.

Andere haben statt des Schreibens das Schweigen gewählt – Helmut Heißenbüttel, Wolfgang Koeppen –, oder das Schreien, den Irrsinn – Hölderlin, Lenz, Robert Walser. Kafka – »Es war, als solle ihn die Scham überleben« – ertrug den Gedanken nicht, daß ihn sein Schreiben überlebte; er wollte seine zweite Haut verbrennen. Sie haben jeder auf seine Weise das Paradox gelöst, Worte zu machen, ohne Worte zu machen, zu schreiben, ohne ein Sterbenswort zu sagen. Der Rückzug ist folgerichtig. Aber sowenig die Literatur dem allgemeinen Sprachversagen Einhalt gebieten kann, so wenig kann es die selbstauferlegte Sprachversagung. »Es gilt weiterzuschreiben«, heißt es in Bachmanns Frankfurter Poetikvorlesung.

Ich stelle mir vor, sie hat einen dritten Weg gewählt. Sie lebt, als 76jährige, an Roms Peripherie unter einem anderen Namen, vergessen, vergraben, aber immer noch blondiert, immer noch Whisky und Tabletten stets in Reichweite, und beschreibt und zerreißt Papier. Sie sucht, hütet, vernichtet das Geheimnis, sucht weiter. Sie wird wiederentdeckt. Die Versuchung: Es klingelt an ihrer Wohnungstür. Nach 28 Jahren wieder eine Verführung zur Flucht: ein Versucher. Ein Interview. Sie räumt auf, kämmt die Haare, öffnet das Fenster. Metamorphosen. Der Vorgang: aufzustehen, »erleichtert für einen Moment lang«, wie lang er auch dauern mag. Noch einmal der Verlockung nachgeben, nach den süßen Versprechungen schnappen, Tantalus sein – oder Echo, die verliebte, vergeblich nachplappernde Nymphe, die am Ende aus unerwiderter Liebe zu Narziß, der nur sich selbst in der Bildfläche spiegelt, zu Moos, Stein und Erde wird. Und dann, im nächsten Moment, wie spät er auch eintreten mag, die Erkenntnis, ein für allemal: »… man wünscht sich zurück auf die Galeere« … Sie verweigert die Antwort, wirft den Agenten hinaus. Wieder weiterschreiben, dem eigenen Atem zuhören, Sisyphos sein – oder die andere Nymphe, Daphne, die den Verfolger, den Kunstgötzen Apollo, panisch flieht und sich in einen Baum verwandelt, endlich stumm.

Essay 1
William H. Gass
Mit sich selber reden.
Für sich selber lesen.
1991, € 7.50

Essay 2
Klaus Hoffer
Pusztavolk
1991, € 4.50

Essay 3
Dieter Wellershoff
Double, Alter ego und
Schatten-Ich.
1991, € 6.-

Essay 4
Lucas Cejpek
Und Sie.
Jelinek in LUST
1991, € 4.50

Essay 5
Wolfgang Siegmund /
Julian Schutting
Väter
1991, € 4.50

Essay 6
Patrick Deville
Über wissenschaftliche und
poetische Schreibweisen
1992, € 4.50

Essay 7
Michel Butor
Die Stadt als Text
1992, € 6.-

Essay 8
Miodrag Pavlović
Tempel und Opferritus
1993, € 11.50

Essay 9
Bodo Hell
Ernst Jandl
die wirklichen möglichkeiten
1992, € 6.-

Essay 10
Yoko Tawada
Das Fremde aus der Dose
1992, € 4.50

Essay 11
Elmar Schenkel
Sportliche Faulheit
1992, € 7.50

Essay 12
Christoph Bode
Den Text? Die Haut retten!
1992€ 7.50

ESSAY 13
Reinhard P. Gruber /
Ludwig Harig
Das Negerhafte in der Literatur
1992, € 6.-

ESSAY 14
Dieter Wellershoff
Im Lande des Alligators
1992, € 7.50

ESSAY 15
Werner Schwab
Der Dreck und das Gute.
Das Gute und der Dreck.
1992, € 6.-

ESSAY 16
Hans-Jürgen Heinrichs
Die geheimen Wunder des Reisens
1993, € 11.50

ESSAY 17
Walter Seitter
Hans von Marées.
Ein anderer Philosoph
1993, € 7.50

ESSAY 18
Brigitte Kronauer
Literatur und schöns Blümelein
1993, € 6.-

ESSAY 19
Rada Iveković
Jugoslawischer Salat
1993, € 7.50

ESSAY 20
Paul Wühr
Wenn man mich so reden hört
1993, € 11.50

ESSAY 21
Desző Tandori
Startlampe ohne Bahn
1994, € 11.50

ESSAY 22
Felix Philipp Ingold
Autorschaft und Management
1993, € 7.50

ESSAY 23
Sabine Scholl
Wie komme ich dazu?
1994, € 11.50

ESSAY 24
Irena Vrkljan
Vor roter Wand. 1991 – 1993
1994, € 7.50

ESSAY 25
Henri Michaux
Ideogramme in China
1994, € 7.50

ESSAY 26
Dragana Tomašević
Briefe nach Sarajevo
1995, € 11.50

ESSAY 27
Robert Kelly/Jaques Roubaud/
Schuldt
Abziehbilder, heimgeholt
1995, € 11.50

ESSAY 28
Elfriede Czurda
Buchstäblich: Unmenschen
1995, € 15.50

ESSAY 29
Helga Glantschnig
Entrée: Die Frau
1995, € 7.50

ESSAY 30
Felix Philipp Ingold /
Bruno Steiger
Unter sich. Briefe
1996, € 15.50

ESSAY 31
Miguel de Unamuno
Plädoyer des Müßiggangs
1996, € 11.50

ESSAY 32
Birgit Kempker
Liebe Kunst
1997, € 11.50

ESSAY 33
Thomas Hettche
*Das Sehen gehört zu den
glänzenden und farbigen Dingen*
1997, € 7.50

ESSAY 34
Michael Rumpf
Gefühlsgänge
1997, € 11.50

ESSAY 35
Thomas Stölzel
*Ein Säulenheiliger ohne Säule.
E. M. Cioran*
1998, € 11.50

ESSAY 36
Henri Michaux
Von Sprachen und Schriften
1998, € 11.50

ESSAY 37

Franz Josef Czernin
*Dichtung als Erkenntnis.
Zur Poesie und Poetik Paul Wührs*
1999, € 11.50

ESSAY 38

Hans-Jürgen Heinrichs
Der Wunsch nach einer souveränen Existenz. Georges Bataille
1999, € 14.-

ESSAY 39

Ingram Hartinger
Über den Versuch
1999, € 9.50

ESSAY 40

Jean Baudrillard
Architektur: Wahrheit oder Radikalität?
1999, € 9.50

ESSAY 41

Jesper Svenbro
Ameisenwege. Figuren der Schrift und des Lesens in der Antike
2000, € 11.50

ESSAY 42

Miguel de Unamuno
Wie man einen Roman macht
2000, € 11.50

ESSAY 43

Bettina Balàka
Messer
2000, € 7.50

ESSAY 44

Rada Iveković
Autopsie des Balkans
2001, € 15.50

ESSAY 45

Franzobel
*Mundial.
Gebete an den Fußballgott*
2002, € 15.-

ESSAY 46

Dorothea Dieckmann
Sprachversagen
2002, € 12.-

ESSAY 47

Paul Wühr
Was ich noch vergessen habe
2002, € 12.-

© Literaturverlag Droschl Graz – Wien 2002

Layout und Satz: AD
Herstellung: Druckerei Theiss GmbH, A-9400 Wolfsberg

ISBN 3-85420-593-7

Literaturverlag Droschl A-8010 Graz Alberstraße 18
www.droschl.com